Talented

좋은 것을 발견하는 재미로 사는

재주좋은 치과의사

Dentist

글·그림 **소현수**

KOONJA

재주좋은 치과의사

첫 째 판 1쇄 인쇄 | 2022년 02월 10일
첫 째 판 1쇄 발행 | 2022년 02월 21일

지 은 이 소현수
발 행 인 장주연
출 판 기 획 한수인
책 임 편 집 이경은
편집디자인 신지원
일 러 스 트 소현수
발 행 처 군자출판사
　　　　　　등록 제4-139호.(1991.6.24)
　　　　　　(10881) 파주출판단지 경기도 파주시 회동길 338(서패동 474-1)
　　　　　　전화 (031)943-1888   팩스 (031)955-9545
　　　　　　www.koonja.co.kr

ISBN 979-11-5955-804-7

정가 16,000원

좋은 것을 발견하는 재미로 사는
재주좋은 치과의사

글·그림 소현수

당신 옆집에도 치과의사가 산다

드라마 〈슬기로운 의사생활〉을 보셨나요? 그렇다면 쉽게 공감하실 텐데요, 저는 거기서 등장인물들의 병원 밖 이야기에 소소한 즐거움을 느끼곤 해요. 그 드라마를 소재로 이야기를 나누다 보면 다들 비슷하신 것 같더라고요. 다섯 친구와 주변 사람들이 가진 삶의 방식과 태도 그리고 평소 생각이, 작중 오고 가는 대화에서 자연스레 드러나곤 하잖아요? 거기에 우리는 공감을 하기도 하고, 깨달음을 얻기도 하면서 등장인물들의 삶을 더 깊이 이해하고 그 사람의 수술 실력까지 넘겨짚게 되지요. 사실 드라마 〈슬기로운 의사생활〉은 메디컬 장르라기보다 휴먼 드라마라는 장르로 묶는 게 더 잘 어울린다고 생각합니다.

우리가 드라마 등장인물에게 오랜 친근함을 느끼듯이, 치과의사로서 저 또한 좀 더 말 걸기 쉬운 사람으로 여러분께 다가가기 위해 많은 고민을 합니다. 그러려면 너무 전문적인 모습만 보여주는 것보다는 좀 더 인간적인 면을 가감 없이 교류하는 것이 좋겠다는 생각을 해요. 저와 당신은 어쩌면 많이 닮았을 수도 있고, 비슷한 생각을 가졌을지도 모릅니다. 드라마 속 의사들은 만들어진 하나의 역할일 뿐이지만, 저는 정말 여러분 곁에서 함께 사는 이웃이기도 하잖아요.

제 이야기를 감히 〈슬기로운 의사생활〉같은 명작 드라마에 빗댈 것은 아니지만, 이 책도 온통 그런 제 이야기들로 가득합니다. 책을 읽으시다 보면 어느 페이지에서는 제가 치과의사라는 것을 깜빡 잊어버리실 수도 있어요. 또 반대로 어디에선 너무나도 치과의사답기도 할 것이고요. 저 한 사람이 치과의사 전체를 대표할 수 없고 그럴 마음도 없지만, 어린 시절 작은 일화부터 저라는 한 명의 치과의사가 만들어지는 과정, 그리고 일터와 여가시간에 하는 고민에 이르기까지 제가 살아온 이야기를 깊이 들려드리려고 합니다. 그리고 그렇게 함으로써 독자분들께서 각자 사시는 동네 치과의사분들에 이르기까지 저와 함께한 그 유대감을 계속 이어나가실 수 있기를 바랍니다.

아 참 그리고, 제 이야기를 따라 읽으며 독자분들의 성장 스토리를 함께 떠올려보세요. 그 속에서 '독자분들 자신은 어떤 사람인지, 나의 장점은 무엇이고, 내세울 만한 브랜드는 무엇인지' 저와 함께 고민해 보셨으면 좋겠습니다. 하시는 일이 무엇이든 간에 여러분들의 앞날에 도움이 될만한 작은 힌트를 단 하나라도 얻어 가실 수 있다면 제겐 그것보다 더 큰 기쁨과 보람이 없을 것 같아요. 책 한 권에서 단 한 문장이라도 얻어 가실 수 있다면 성공이라고 합니다. 이제 여러분의 한 문장을 완성하러 가볼까요?

CONTENTS

다시 똑같은 인생을 살아도 좋아

중절치는 우리말로 '대문니'라고도 부릅니다.
독자분들과 대문을 열고 마주하는 첫만남을
어떤 이야기로 시작해야할지 고민을 많이 해봤는데요,
역시 '자기소개'만한 게 없지 않을까 해요.
뻔한 순서이긴 하지만, 가끔은 뻔하지만은 않았던
제 이야기를 어서 읽어와 주세요!

1승 1패 무승부

#어린시절   #손재주   #전문직

경상남도 양산군* 상북면 석계리, 8살까지 유년기를 촌 동네에서 보내 바깥에선 산과 들, 계곡을 돌아다녔고, 시골이라 조용했던 집안에선 언제부터 있었는지도 모르는 종이접기 책이나 레고블록을 갖고 놀았다. 나는 색종이 접는 걸 유독 좋아했고 레고는 형이 특히 좋아했는데, 나도 못지않게 레고 조립을 좋아하긴 했다. 레고는 아빠가 회사에서 어디 멀리 출장을 다녀오거나 하면 한 상자씩 사다 주셨던 것 같다. 나는 그중에서도 앰뷸런스 레고가 가장 마음에 들었는데 한창 119소방대가

---

* 지금은 양산시

장래희망일 때라 그랬나 보다.

앰뷸런스 레고가 무척이나 마음에 들어서 어느 날은 스케치북을 꺼내와 TV 옆 전축 위에 전시되어 있던 레고 앰뷸런스를 보며 색연필로 그림을 그려보기도 했다. 그리고 그 날이 내가 '그림 그리는 것'에 흥미를 갖게 된 가장 큰 계기가 아닐까 하는 생각이 든다. 집안일을 마치고 거실로 돌아온 엄마가 내 그림을 굉장히 많이 칭찬해 주시며 이건 기념해야 한다고 그림 모양을 따라 오려서 앨범에 끼워 넣어주기까지 했던 게 내 딴에는 기분이 정말 좋았던 것 같다. 아이는 부모의 칭찬과 격려를 먹으며 자란다는데, 딱 그런 일이 일어났나 보다.

그 뒤로 그림 그리는 것을 꾸준히 취미로 즐겼다. 그림 그리는 게 좋으니 미술 시간이 가장 좋았고, 미술이 좋아지니 이것저것 만드는 것도 다 좋아서 우리 집에 있던 〈미술 실기 기법〉이라는 책을 보며 집에 있는 재료를 아무거나 잡아다 해체하고 새로운 걸 만드느라 살림을 못 쓰게 만든 적도 많았다. 나에게는 〈미술 실기 기법〉이라는 책이 어린 시절 미술 과외 선생님이나 마찬가지였다. 사실 그 책은 엄마가 당신께서 보려고 사온 책이었는데 그러고 보니 손재주는 엄마를 많이 닮은 것 같네.☺

초등학교 방학 때 만들기 숙제만 해갔다 하면 상을 받았었는데 대부분 엄마가 옆에서 다 도와준 것들이었다. 유치원 다닐 때 그림일기는 그냥 엄마 손재주 대잔치였던 기억도 난다. 엄마 손재주를 잘 물려받아서 중학생 때는 시간이 부족해서 다 못 그린 그림으로

도 상을 받은 일도 있었다. 당시 미술 선생님께서 나를 예뻐해 주셨는데 내가 미대 진학을 마음속에 품게 된 것도 어쩌면 자연스러운 일이었던 것 같다. 고등학교 1학년까지 학창 시절 대부분을 공부보다는 그림, 만화영화, 만화책, 그리고 아기자기한 그래픽을 가진 컴퓨터 게임을 하는 데에 보냈으니.

하지만 입시미술 학원 근처에도 못 가봤다. 아부지는 내가 그림 그리는 것에 관심을 많이 두는 게 못마땅했던 것 같다. 잘나가던 회사원으로 한국 금융위기의 공포를 직접 경험하신 아부지는 그 어린 시절의 나와 형아를 자주 불러다 소위 '전문직'을 해야 사회에서 오래 살아남는다며 '전문직' 뽐뿌를 넣어주셨다. 서른이 넘은 지금 생각해 보면 이해도 된다. 일반적으로 맞는 말이기도 하고. 그치만 미술에도 나름대로 고도의 전문성을 가진 직업이 있다는 것까지는 미처 생각하지 못하셨을 수도 있

겠지. 아니면 당신의 자녀가 결국 바람 앞의 등불 같은 '회사원'이 된다는 것에 대한 불안감이셨을지도 모르겠다.

어쩌다 보니 아부지 말대로 '전문직'이 되어버리긴 했는데, 원래 잘 다니던 사범대학을 그만둔다니까 나를 그렇게 갈구던 아부지가 내가 치대 합격하자마자 동네방네 자랑하던 걸 보면 귀여우신(?) 면도 있다는 생각도 든다. 사실 '좋아하는 일'을 진짜 '일'로 마주하는 건 고통이 따른다. 내가 그림 그리는 일을 직업으로 삼았으면 진짜 그 일을 좋아했을지도 사실 장담 못하지.

부모 말을 들으면 자다가도 떡이 생긴다고 하던가? 글쎄 자다가 먹는 떡 맛이 어떨진 모르겠지만 반은 맞고 반은 틀린 것도 같다. 어린 시절 듣던 전문직 하라던 말을 지켰더니 평생 써먹을 즐거운 일을 찾긴 했지만, 그게 사범대학 계속 다니면서 선생님 하라던 말을 기어코 어기고 얻은 결과니 말이야. 그래서 속담 1승 1패!

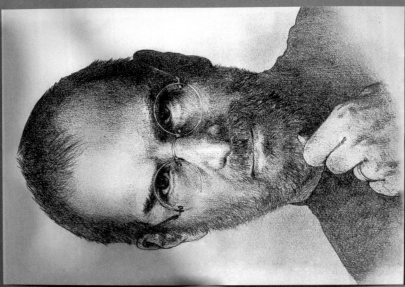

치대 입학 전에 그린 그림
원래 다니던 대학을 그만두고 다시 수능 공부를 하면서는 유명인들 얼굴을 스케치북에 그리곤 했어요.
외롭고 우울한 기분이 들 때 그림을 그리면 온전히 그림을 완성하는 데에만 정신이 팔려 부정적인 생각을
다 날려버릴 수 있었거든요. 한 가지 그림을 완성하는 데에서 성취감을 얻기도 했었던 것 같아요.

친구가 치과 개원한대서 만들어본 로고 디자인
친구가 개원한다며 자기 치과 로고 디자인 공모전을 열었길래, 저도 얼른 하나 만들어서 보내줬어요.
여러 가지 목업(mock-up)에 얹어서 보여줬더니 어떻게 이렇게 빨리 만드냐며 놀라더라고요.
근데 쓰이지는 못했어요. 역시 디자인 전문가분들 실력을 따라갈 수는 없더라고요!

첫 전자책 출판물 작업
치과대학 진학을 희망하는 수험생들을 위한 진로책자를 전자책으로 제작해 판매했어요.
수험생 커뮤니티 사이트에서 약 300부가 판매됐는데, PDF 파일로 제공하다 보니 단톡방 같은 곳에서
불법적으로 공유되나 보더라고요.😭 아쉬웠지만 그래도 잘 읽어주고 쪽지도 많이 보내주는
학생들 덕분에 뿌듯했어요.

친형이 운영하는 한의원의 리뷰 이벤트 모션그래픽 작업
형이 경기도에 한의원을 이제 막 열었을 때, 리뷰 이벤트 홍보용 영상을 만들어 보았어요.
파워포인트로 작업해봤는데, 어렸을 때 파워포인트 갖고 놀던 때 생각도 나고 재미있더라고요.

재잘재잘
덧붙이는 말

삐꼼

치과의사가 되고 보니 이런 일도 취미로 즐길 수 있게 되었다는 것이 새삼 놀랍습니다. 사실 처음 치과의사가 되려 했을 땐 상상도 못 했던 일이거든요. 저는 세상에서 '보기 좋은 것'을 발견해 내는 딴짓 하기를 좋아하고 사람들에게 '좋은 경험'을 주는 원칙에 대해 고민하는 것을 좋아하는데요. 거기서 알게 된 쓸데없는 아이디어를 직접 이곳저곳에 적용해 볼 수 있다는 점에서 치과의사가 제게 꼭 맞는 직업이지 싶어요.

치과의사라는 직업은 환자분들의 입안, 턱, 얼굴의 건강을 되찾아 줌으로써 그들이 마땅히 누려야 할 먹고 말하는 즐거움과 본래의 아름다움을 되돌려주는 것이 그 존재 이유이기는 하지만, 그런 일을 잘 하려면 결국엔 '내 사업'을 꾸리고 운영해야 한다는 점에서 '브랜드를 만드는' 과정이 반드시 뒤따라와야 하거든요. 그 과정에서 평생 취미로만 써먹을 줄 알았던 잔재주를 마음껏 뽐낼 수 있는 직업이 있다는 건 정말이지 행복한 일이 아닐까 합니다. 아, 아닐 때도 있는 건 비밀!

안방 도서관

#독서   #취향발견   #아빠덕분에

앞에서 말한 책 〈미술 실기 기법〉을 찾아낸 건 책장이나 찬장을 보물 찾기하듯이 뒤져보던 어린 시절 내 취미 생활 덕분이었다. 어릴 때부터 우리 집 안방 한편 원목 책장에는 항상 책이 가득했거든. 대부분은 아빠가 회사 생활하며 읽고 공부한 책들이었는데, 아부지는 삼성 SDI 재직 시절 통칭 '소박사'라 불릴 정도로 품질관리 업무 전반에 대해 모르는 일이 없었다고 한다. 그리고 그건 그 시절 한국에서 구할 수 있는 책이란 책은 전부 읽고, 일본 출장에서 구해온 원서를 통해 선진 시스템*까

---

* 당시 기준. 이제는 삼성이 더 낫다.

지 통달한 아빠의 열정 그 자체였다.

아빠는 책에서 배운 지식으로 인정받고 성공한 경험을 우리 형제에게도 물려주고 싶어 하셨던 것 같다. 매달 날을 정해 기차를 타고 서울 광화문 교보문고에 온 가족이 다녀오곤 했는데, 딱 한 번 그림 그리는 책 말고는 내가 읽고 싶어 하는 책이 있으면 거의 다 사주셨다. 내가 책을 좋아하게 된 데에는 아빠의 영향이 정말로 컸다. 여러 종류의 책을 사 읽으면서 책 읽는 것에 재미를 붙였다. 그 당시 유행했던 백구 소설책이나, 괭이부리말 아이들, 가시고기 그리고 그 당시 관심 가던 분야의 책들로 안방 책장만큼 우리 형제 방 책장도 빼곡해져 갔다.

그사이 많은 우여곡절이 있었지만, 성인이 되어서도 책 읽는 재미를 잃지 않은 건 정말 다행이라 생각한다. 동기들한테 전화가 와서 뭐 하고 있었느냐기에 "나 책 읽고 있지~"하면 다들 "여전하네요. 형" 하는 반응이다. 치과대학을 다니면서는 우리 대학에서 구강내과 교과서로 채택하지도 않은 턱관절질환 책과 구강안면동통 전공 책을 방학에 사 읽기도 했다. 근데 그걸 구강내과 교수님께서 보시곤(차마 학생이 구강내과 지망일 거라고는 교수님마저도 쉽게 예단할 수 없으셨는지...) "현수는 진짜 그냥 책 읽는 걸 정말 좋아하는구나"하고 말씀하실 정도로 읽고 싶은 책은 도서관에서 빌리든 서점에서 주문하든 다 구해 읽었던 것 같다. 지금은 치과 전공 서적을 사 읽는 데에 시간을 많이 쓰지만, 여전히 다른 책들도 꾸준히 사 읽는다. 치과의사로서 치과 전공 공부 외에 챙겨야 할 지식이 점점 많아지면서, 브랜딩이나 마케팅에 관한 책들도 많이 찾아 읽게 된다. 업무적인 시너지를 낼 수 있는 분야에 대해 더 많이 배워서 그 분야 전문가를 만나기 전에 기본적인 지식이라도 갖춰두고 싶은 욕심이다.

많은 사람이 자기소개서 같은 곳에 으레 취미를 '독서'라고 고상한 척 적곤 하는데 정말로 취미가 독서인 사람은 많지 않아 보인다. 요즘은 나도 똑같아서 독서를 취미라고 말하기는 좀 힘들다. 요새 내가 하는 독서는 여가생활이라기보다는 자기계발이자 일이고, 업무적인 성격에 가까워서 예전만큼 재미있지는 않으니까. 그렇지만 여전히 할 일이 없을 땐 넷플릭스보다 책에 먼저 눈이 가고, 밖에 나왔는데 딱히 갈 곳이 없으면 저절로 서점에 발길이 향한다. 거기다 이제는 책을 쓰기까지 하고 있으니, 아무튼 나 책 좋아하는 거 맞기는 한가 보네.

재수, 3수도 아니고 6수 치대생

#전교344등   #대학입시   #공부법

전교 344등. 고등학교 1학년 첫 중간고사 성적이다. 책 읽는 건 좋아했지만, 공부는 잘하지 못했다. 나는 수업 시간에 조는 법이 없었고 정말 열심히 공부했는데. 그래서 선생님들도 이상하다고 했지. 비밀을 알고 고치는 데까지 꼬박 1년이 걸렸다. 나는 고등학교 1학년을 마칠 때까지 하교 후에 공부해 본 적이 없었고 남들 다 그런 줄 알았어! 친구들 다 학원에 가 있을 줄은 몰랐지~ 나는 학원을 안 다녔으니까.

내 성적에 내가 놀라 2학년부터는 밤늦게까지 제대로 공부를 했다. 하루를 다 바치던 게임도 그만두고 아이디를 팔아 인강용 PMP를 샀다. 공부를 늦게 시작해서 고3 때 명문대학 갈 정도 성적을 얻기는 좀 벅찼지만, 그 뒤로 내신성적이나 모의고사 성적 모두 정말 많이 오른 덕분에 지방 국립대 사범대학 정시

모집에 장학금을 받고 합격했다. 근데 선생님이 아닌 치과의사가 된 결과를 아시다시피 여러 이유로 중간에 그만뒀다. 그렇다고 사범대학을 그만두고서 다시 수능을 준비하며 이번엔 명문대에 갈 수 있다는 희망에 차 있었느냐고 물으면, 그것도 전혀 아니긴 했지. 다시 수능 준비를 하면서 많이 힘들었다. 삼수생부턴 철학자가 된다더니, 그거 진짜 맞는 말이다.

재수는 기본, 삼수는 선택이라는 말이 있다. 수도권 학생들에게는 재수라는 게 그리 힘든 결정이 아니라고도 한다. 그런데 내가 자란 천안에서만큼은 그렇지 않았다. 여러 지방에서 과외를 해보니 다른 동네도 다들 비슷했다. 사실 재수생을 인생의 낙오자쯤으로 여기는 분위기는 오히려 자녀들의 전반적인 수능 성적과 반비례하여 심화하는 것 같다. 대학입시 정시모집 결과 서울대학교 신입생 중 58.8%(2021년)가, 연세대학교는 68.7%(2020년)가 재수 이상 N수생이었다고 한다. 당연히 고3 졸업과

동시에 멋진 대학생활을 시작할 수 있다면 더할 나위 없이 좋겠지마는, 그게 녹록지가 않나 보다.

보통 뒤늦게 다시 수험생이 되는 데 나이가 발목을 잡곤 하지만, 나는 입시를 치르기로 하고 의학계열로 목표를 정하는 데에 역설적으로 내 나이가 한몫했다. 일반계열 전공을 골라가기에는 졸업 후 취업 시장에서 30대가 될 내 나이를 감안해야 했으니까. 물론 아무리 지방대라도 의학계열에 입학하려면 SKY 대학보다 수능 성적이 좋아야 해 부담이 되기는 했다. 그러나 사범대를 그만두고 늦깍이 수험생이 된 것을 정당화할 방도는 그 수밖에 없다는 생각이 들었다.

다시 수험생이 된 후 학원에 가는 대신 집에서 인터넷 강의를 들었고, 어떻게 하든 일단 공부 시간의 절대량을 늘리는 게 필요하다고 생각했다. 20살~21살에 명문대 가는 학생들은 중·고등학생 때부터 밤샘 공부를 했을 테니, 뒤늦게 그만큼의 공부량을 채우려면 더 많이 공부해야 했다. 다시 수험생이 되고 나는 밥 먹는 시간, 화장실 가는 시간, 딴짓한 시간을 다 빼고 평일 하루 최소 10시간, 평균 12~13시간 정도 공부를 했다. 강의를 들으면 복습하는 데에는 최소한 강의 시간만큼이 더 필요했다. 과목에 따라 2배, 3배가 더 필요할 때도 있었다. 그래서 시간을 그만큼 확보할 수 없다면 인터넷 강의를 줄였다. 주말은 비워놓고 금요일까지 못 지킨 공부 계획을 보강하거나 다음 주 계획을 세우는 데 시간을 보냈다.

성인이 되고 보면 모든 것이 다 그렇게 느껴지지만, 보이지 않는 경쟁자를 이겨야 한다는 게 아직 학교라는 울타리를 벗어나지 못한 고등학생들에겐 좀 힘든 일이기도 하지 싶다. 내가 고등학교에 다닐 때 천안은 '비평준화' 지역이었는데, 주변 어느 신설 고등학교 전교 1등 모의고사 성적이 평균 3등급이라는 이야기가 우리 학교까지 심심찮게 돌고는 했다. 그런 소문을 들으면 내가 지역에서 그래도 괜찮은 고등학교에 다닌다는 생각에 으쓱했는데(나도 당시 모의고사 평균 3등급 정도 했으니까) 그건 진짜 독 사과 같은 소문이다. 내 위치를 올려쳐도 너무 올려쳐 여기게 되니까. 그 틀을 빨리 깰 수 있다면 재수 없이도 입시에서 원하는 결과를 거머쥘 수 있지 않을까? 나는 그걸 못해서 나이 25살에 다시 신입생이 돼버렸지만. 😄

아, 보통 의대나 치과대학에 많은 나이로 입학하면 학교 생활에 불이익이 있지 않을까 고민하시던데요. 요새는 기본적으로 학부과정을 졸업한 사람들만 갈 수 있는 의학전문대학원이나 치의학전문대학원도 있어서 걱정할 필요가 전혀 없습니다. 이미 신규 치과의사 평균 연령대가 굉장히 많이 올라가서 별로 티가 안 나요. 제가 치과대학 6년 다니는 동안에도 나이 때문에 뭐가 안됐다는 걸 직접 보고 들은 바도 없었고, 문제가 된다면 꼰대 같은 성격이 문제지 나이 문제는 아닌 것 같아요. 다들 형인지 동생인지만 신경 쓰고 몇 살 차이인지까지는 전혀 신경 안 쓰는 것 같더라고요.

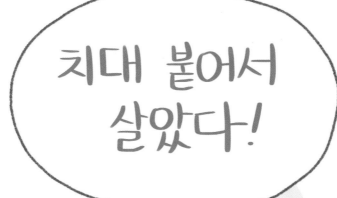

치과의사가 UX를 알아야 해?

치과대학에 입학하고 나서부터는 조급증이 생겼다. 스무 살에 입학했다면 내 나이에 이미 졸업반이어야 했으니까. 6년제라는 그 긴 시간이 많이 야속했다. 그래서 수업 마치고 집에 와혼자 있는 시간에는 이런저런 치과 바깥세상에 관해 책과 여러 사례를 통해 알아보았다. 예를 들면 서비스디자인과 사용자경험디자인User experience design, 브랜딩 같은 것들 말이다. 이런 취미는 사실 미대에 가고 싶었던 그 이전부터 갖고 있긴 했지만, 치과대학에 입학하고 난 뒤부터 지금까지 나는 그것들을 어떻게 치과 운영에 적용할 수 있을지 고민하는 데에 많은 시간을 보냈다.

여러 책을 읽어보았지만, 그중에서도 〈날마다, 브랜드〉를 지은 임태수님의 생각에 많은 도움을 받았다. 사실 예전에는 '브랜딩'이라 하면 병원 로고나 이름, 유니폼, 서식류 디자인 등등 이런 외적인 것들을 많이 이야기했던 것 같다. 그런데 요즘은 브랜딩을 그런 시각으로 바라보지 않는다. 그런 외적인 부분들은 '브랜드 패키지 디자인'으로 구분해서 부르기도 한다. '브랜드'를 만든다는 건 무형의 자산을 만드는 것이지, 그런 것 없이 포장만 바꿔서는 브랜드가 형성되지 않는다는 걸 알게 된 것이다.

초기에 이런 브랜딩과 의료서비스 디자인에 대해 먼저 인지하고 실행에 옮긴 사람들은 대개 자본력이 탄탄한 중대형 병원들이었고, 그런 자본력을 바탕으로 고급화 전략을 주로 사용했던 것 같다. 그때 '우리 병원은 일반 병원과 다르다'는 것을 어필하는 데에는 명품화 전략이 가장 보편적이었을 것이다. 예를 들면 2010년 청담동에 개원한 〈차움〉같은 성공한 모델들을 말할 수 있겠다. 그런데 지금은 상황이 변했다. 개원가 사정이 해가 갈수록 나빠지고 경쟁이 치열해지면서 자본력이 충분하지 않은 의원급 의료기관에야말로 더 잘 짜인 '송곳 같은 브랜딩'이 필요해진 것이다.

이제 병원도 서비스가 이루어지는 접점마다 병원의 핵심가치를 어떻게 전달할 수 있는지를 고민해야 한다고 한다. '좋은 경험'을 브랜드 핵심가치로 여기는 스타벅스가 사소한 순간마다 어떤 고객 경험을 제공하는지를 알고 있다면, 조금 감이 잡힐지도 모른다. '좋은 경험'을 주기 위해 스타벅스는 음료를 사지 않더라도 매장에서 고객을 내쫓지 않고, 고객이 실수로 엎은 음료를 직원이 치우고 다시 만들어주기까지 한다. 스타벅스는 조금 과하다고 생각될 정도로 자신들의 브랜드 가치를 지키며 이 분야의 선두주자가 되었다.

세계적인 대기업의 서비스 정책이 작은 의원급 의료기관이나 매장에 전부 쓰일 수 있는 건 물론 절대로 아니다. 그런데 문제는, 그런 서비스에 소비자들이 너무나도 많이 길들여져 있다는 것이다. 그래서 웬만큼 친절해서는 친절하다고 생각도 하지 않는다. 기본적으로 '의사는 불친절할 수도 있다'라는 전제가 소비자들에게 있다는 조사결과도 있지만 일반 스태프들에 대한 기대는 그렇지 않다. '스태프도 불친절할 것이다'라는 전제는 없다. 그러니 작은 병원 하나를 운영하는 데에도 '잘' 하려면 이것저것 신경 써야 할 게 너무 많다. 그래서 나도 경험디자인이니 브랜딩이니 하는 것들을 공부하는 것이다. 그렇지만 아무리 공부해도 역량이 전문가 수준까지 오르지는 못한다는 한

계점도 있고 그래서 많은 선배 원장님께서도 전문가를 찾게 되는 것이겠지만, 나는 이 분야 전문가를 찾더라도 그 전문가분들이 어떤 가치를 추구하는지 정도는 스스로 판단할 정도는 되어야 할 것 같았다. 그분들이 무슨 이야기를 하는 건지 이해하지 못하거나 이해할 생각도 없다면, 그분들과의 관계가 끝났을 때 병원이 과연 컨설팅으로 만들어진 브랜드를 지켜낼 수 있을까? 3년, 5년 하고 병원을 넘길 생각을 하시는 분들이야 그럴 필요도 없겠지만.

좋은 경험 이란

안전하게
꺼낼 수 있는 손잡이
(제품을 감싼 포장지)

손으로 잡고 먹어야 하니
물티슈도 같이 주는 카페

직관적인
시트 조절 레버

해외에서 할인받고 산 제품도
정상가로 교환해주는 브랜드

1 꿈이었던 미대건축을 위해 산업미술대학원을 알아봤다.

2 근데 생각해보니 수업듣고 과제하는 게 내가 원하는건가? 싶었다.

3 나는 그저 치과 일과 병행 할수 있는 재밌는 일이 하고 싶었던 건데 말야.

4 그래서 일단은 그냥 살다있다. 나중에 가도 되니깐 ㅎ 대학원은

블로그 유명인사

나는 소심한 관종이다. 관심받는 게 좋기는 한데 너무 많은 관심을 받는 건 또 무섭다. 마음속에 예쁘게 잘 빚어 놓은 무언가가 허물어질 것 같은 기분이 들 때가 있어서. 블로그는 이런 내 성향에 꼭 맞는 취미였다. 내가 딱 원하는 만큼만 관심받을 수 있고, 새로운 사람들과의 교류도 적당한 선에서 유지할 수 있다는 장점이 있지. 후후. 😊 내가 블로그를 처음 시작했던 건 아마 고등학교 2학년, 본격적으로 공부를 시작하면서였던 것 같다. 게임 대신 새로운 취미로 블로그 일기 쓰기를 택했는데, 같은 수험생들에게 나름 인기를 끌기도 했다.

치과대학을 졸업하고 공중보건의사(공보의)로 발령받고 나서는 블로그를 새로 시작했다. 이번에 블로그를 연 목적은 내가 공보의로 발령받기 전에 구글이며 네이버며 포털사이트 이곳저곳마다 공보의 관련 글을 뒤져보던 때가 생각이 나서였다. 앞에서 UX에 관해 이야기했듯이 나는 뭔가 하고 싶은 욕심은 많고 걱정이 많아서 미리미리 뭔가 알아보고 싶어 하는데, 공보의는 모든 남자 치대생들의 공통된 관심사이기도 했으니까. 육군훈련소 생활은 어떤지, 공보의 근무지 배치는 어떻게 하는지. 나도 뭔가 이렇다 할 정보가 없을 후배들에게 잠깐이나마 도움이 되었으면 하는 마음으로 블로그를 시작하게 됐다. 당시만 해도 내가 일하던 '교도소' 치과 공보의에 대한 정보는 전혀 없었다. 그래서 내 블로그가 그 분야에 관한 한 최초였고, 동시에 최고가 되어 한순간에 유명인사(?)가 되어버렸네?!

블로그 개설 다음 해부터는 치과의사 남자친구를 육군훈련소에 보낸 여성분들이 댓글로 질문을 굉장히 많이 남겨주셨다. 애틋하기도 하지... 솔직히 블로그에다가 공개적으로 밝히지 못하는 내용도 많이 있었기 때문에 나로서는 오히려 개인적으로 뭘 물어봐 주시는 분들에게 더 솔직한 정보를 전달할 수 있어 다행이라고 생각했다. 인턴 수련을 받느라 1년 늦게 훈련소에 간 친구에게도 인터넷 편지를 통해 이런저런 교도소 정보를 전달해 주기도 했는데, 나중에 들으니 그 편지를 여기저기서 돌려 읽으며 아주 큰 도움을 받았다고 했다. 모르는 사람들이 많이 감사 인사를 남겨줘서 나도 뿌듯하고 감사했다.

이제는 공보의 관련 내용보다는 나나 또래 치과의사분들 모두에게 도움이 될만한 내용(환자와의 대화법, 브랜딩, 치의학 교육 후기 등)으로 블로그를 채우는 중이다. 다행히 동료분들께서 내 블로그엔 아직 많이 들러주시는 것 같다. 처음엔 같은 학교 친구들이 들어오는 게 영 부끄럽고 민망했는데, 이제는 그것도 적응이 됐는지 아니면 나도 좀 뻔뻔해진 것인지 아무렇지도 않다. 근데 가끔 친구들이 블로그를 보곤 "제가 아는 공보의 중에 그래도 형이 제일 열심히 사는 것 같아요"하면 뿌듯하면서도 좀 씁쓸하다. 공보의 기간을 공보의로서 즐기지 못하고 자꾸만 더 앞만 바라보고 사는 게 아닐까 하고. 현재를 좀 즐기고 지내야 하는데. 아냐 이런 생각 하면 안 돼! 블로그는 취미 생활이기도 하지만 동시에 내 커리어에 큰 도움이 되어줄 거야...

한번은 교도소 공보의 남자친구와 연락이 안 된다며 블로그에 댓글을 남겨주신 분도 있었는데요. 이제 와 하는 말이지만, 아마 헤어졌겠지 싶어요. 공보의 남자친구가 당직이라며 밤늦게까지 연락이 안 된다고 걱정을 하시기에 제가 "응급 콜 받고 들어가셨을 수도 있다"라고 알려드렸는데, 근데 그분은 굳이 '치과 공보의한테 당직을 시키냐'고 정확히 다시 물어보셨거든요... 사실 걱정을 빙자한 의심이었죠. 대답을 뭐라고 했더라? 안 했나? 😳

해보고 싶은 게 너무 많아!

#새로운경험　#취미발견　#잔재주찾기

　　니체가 책 〈차라투스트라는 이렇게 말했다〉를 통해 한 말 중에 한 가지, 내 좌우명으로 삼고 싶은 말이 있다면 바로 "지금 인생을 다시 한번 완전히 똑같이 살아도 좋다는 마음으로" 살라는 것이다. 책을 이해도 못 했고 다 읽지도 않았지만 저 말은 확실히 마음에 남았다. 저 문장을 읽은 뒤로는 겁도 많이 사라졌고 처음 해보는 일에 도전해 보는 경험도 많아졌다. '이 똑같은 인생을 한 번 더 살 건데, 이걸 안 해보고 2회차로 넘어간다고?!'하는 마음에.

　　사실 아직도 새로운 것에 도전하는 일은 늘 나를 불안하게 만든다. 내가 내 영역은 여기까지라고 쳐놓은 바리케이드를 깨고 나가는 일이 쉬운 거면 애초에 바리케이드를 치지도 않았지. 원래부터 겁이 많았던 것 같은 게, 어릴 때 에버랜드에 설치된 리프트(곤돌라)도 못 타겠다며 앞에서 엉엉 울고 발을 동동 굴렀던 기억도 난다. 처음 먹어보는 음식을 먹기 싫다며 떼를 썼던 것도 같고 말이야. 새로운 일이나 만남이 즐거운 사람들도 무작정 시도해 보기 어려운 일이 있을까? 아니 그런 게 진짜 즐거울 수가 있긴 한 걸까?

나는 대개 직접 몸을 움직여야 하는 일들에 흥미를 느끼지 못했던 것 같다. 원래 운동하는 걸 싫어했고 초등학교 때부터 운동회, 체육 시간이 귀찮고 싫었다. 지금껏 내가 해봤다고 나조차도 믿기지 않는 일이 있다면 첫째로 중고등학생 때 방과 후 활동으로 '등산부'를 했던 것이고, 그다음은 유도를 잠깐 배운 것, 그리고 초등학교 다닐 때 했던 태권도랑 보이스카우트도. 아, 호주에서 스카이다이빙도 해봤지 맞아! 전부 다 내가 생각했을 때 내 이미지랑은 좀 거리가 먼 것들인데, 왠지 남들 눈에도 비슷할 것 같다.

처음 뭔가를 시작하기까지 걸리는 시간이 오래 걸리는 것은 '완벽하게 준비'하고 싶은 내 욕심 때문이기도 하다. "장비병은 불치병"이라는 말도 있는데, 초등학생 땐 그림을 그리려고 깨끗한 종이를 여러 장 준비해야만 직성이 풀리곤 해서 한 번은 집에 있는 A4용지를 다 그림 그리는 데에 쓰느라 거덜 낼 뻔한 적도 있었다. 치과대학 예과 2년을 수료한 후에 본과 1학년으로 올라가며 '육군 군의·치의 장학생'에 지원했을 때도 마찬가지였다. 평소 운동수행능력이 좋지 못해서 달리기 연습을 하는 데도 달리기용 신발부터 고르느라 하루를 꼬박 다 쓴 기억이 난다. 😄

　군 장학생 도전 같은 그런 특별한 계기나 기회가 있을 때마다 안 해본 것에도 쉽게 도전할 수 있었지만 그래도 여전히 무서워하는 게 있다면 다름 아닌 물놀이다. 시도해 보려고 했다가 수영과 나 사이가 좀 더 멀어져 버린 일도 있었다. 대신에 수영 말고 다른 일들에 많이 도전해 보기로 했다. 요즘 새롭게 도전하는 것들은 '우리나라 국립공원 전부 등산하기', '10K 마라톤 대회 나가기'처럼 몸을 쓰는 것들이다. 원래 같으면 '괜히 시작했다가 다 못하면 어떡하지? 힘들면 어떡하지?'하는 고민만 몇 주는 했을 텐데, 이제는 그래도 일단 시도해 볼 용기가 생겼다. 요새 인싸 동기들은 다들 골프를 시작했던데, 지금은 내가 골프에 흥미가 없지만 또 뒤늦게 시작할지도 모를 일이지!

그러고 보면, 굳이 못 할 일도 별로 없는 것 같다. 이제 배우려면 돈과 시간을 들여 남들의 도움을 받아야 할 수 있는 일이 많긴 하지만 그것도 사실은 의지의 문제겠지? 수영도 마음만 먹으면야 배우러 갈 수도 있을 거야 그치? 어릴 때 그렇게 먹기 싫어하던 걸 억지로 한 입 먹고 나면 맛이 괜찮아서 다음번부턴 알아서 잘 먹었던 것처럼 말이야.

동기랑 둘이 호주에 놀러 갔을 때 〈그레이트 배리어 리 프〉 해역에서 스쿠버다이빙 체험을 해본 적이 있어요. 그때도 정말 큰 용기를 낸 거였거든요. 다행히 첫 시도 는 성공적이어서 대왕조개도 보고, 산호도 보고, 니모 물고기도 봤는데, 해역을 옮겨 두 번째로 뛰어들 때는 산소호흡기가 벗겨지면서 바닷물이 입과 코로 많이 들 어왔어요. 그 순간 패닉이 와가지고 안전요원 붙잡고 대 롱대롱 매달려 구조된 적이 있어서 오히려 물놀이가 더 무서워져 버렸네요. 역시 물놀이는 여전히 도전하기가 겁나요… 😢

Connecting the dots

딴짓은 여러모로 도움이 된다. 어릴 때 집에 인터넷 설치가 안 돼 있어 컴퓨터로 PPT 만들면서 놀고, 남들 학원 가있을 시간에 그림 그리며 논 덕분에 나는 내가 되었다. 이과로 입시를 치러 치과대학에 오기 전엔 문과 공부를 했고, 그때 배운 철학 이론을 활용해 대학 토론대회에서는 우승도 했다. 딴짓으로 키운 작은 재능들이 곳곳에서 내 인생을 이끌어 왔다.

나는 딴짓을 너무 많이 해서 남들보다 몇 발자국 늦긴 했지만, 누구든지 세상을 살면서 겪은 수많은 사건과 경험들이 언젠가 서로 이어질 날이 온다고 믿는다.

나는 스티브 잡스가 말한 'Connecting the dots'라는 말을 좋아한다. 서로 연관성이 없어 보이는 수많은 사건들도 언젠가는 멋지게 연결될 수 있다는 믿음을 나에게 주었다. 우리는 모두 대학 합격이나 기업 입사를 위한 자기소개서를 쓸 때 은연중에 '점을 이어' 내 발자취를 목표와 연결 짓곤 한다. 예전에 있었던 일화를 들어 내가 이 전공에 흥미가 있고, 내가 이 회사에 적임자임을 어필하는 것이다. '자소설'이라고 하지만, 지난 경험만은 거짓이 아니다. 그리고 언제나 그런 태도를 계속 유지하다 보면 결국엔 '나'만의 브랜드 정체성도 만들어지겠지.

인생에 의미 없는 지점은 없고 애매한 재능도 재능이다. 나도 전문가에 비할 만큼은 그림을 잘 그리지도, 디자인을 잘 하지도, 글을 잘 쓰지도 못한다는 걸 안다. 그렇지만 뻔뻔하게 세상에 내놓는다. "이렇게라도 하지 않으면 독자짱... 나에겐 관심도 없는걸...!" 😐

#2 측절치

면허증 잉크가 마르기도 전에

중절치 옆에 위치한 측절치는 흔히 부르는 한글이름은 없지만,
중절치와 송곳니 사이에서 옆니, 작은 앞니 등으로 부르곤 합니
다. 측절치처럼 저희 '공중보건의사'도 이쪽저쪽에 치여
주목받지 못하곤 하는데요, 제가 치과대학을
졸업하자마자 공보의로 근무하며 겪었던
일화들을 읽어보실래요?

육지 위의 섬, 교도소

공중보건의사로 발령받은 첫해, 나는 치과의사 면허증 잉크가 채 마르지도 않은 그 1년을 교도소에서 보냈다. 무슨 죄를 지어서 들어갔냐면, 근무지를 교도소로 고른 죄…? 진짜 범죄를 저지른 건 다행히 아니고 교도소 의료과에 출퇴근하며 수용자들 치과 진료를 맡았던 건데 놀랐지? 교도소에서 상주하는 치과의사로 근무해 보는 건 1년에 많아야 20여 명뿐이고, 남들은 쉽게 할 수 없는 경험을 해본 것에 뿌듯한 마음도 있긴 하지만, 근데 나라고 처음부터 교도소 근무를 원했던 건 아니었다.

공중보건의사 중 정말 많은 수가 외딴섬에 배치된다. 그래서 동료들이 들으면 미친 소리 같겠지만 나는 원래는 섬에서 근무하는 것에 대한 판타지가 있었다. 졸업을 앞두고 취미로 명함 그래픽 디자인을 제작해 봤을 때도 근무지를 인천 백령도 '백령 보건지소'로 적어 만들기도 했을 정도로. 막상 동기들이 멀고 먼 섬에서 고생하는 걸 본 뒤로 나도 그게 정신 나간 헛소리라는 걸 알게 되긴 했지만 말이다. 제대로 미쳤던 것 같다. 근데 왜 내가 섬에 안 갔느냐면, 그게 가고 싶다고 해서 갈 수 있는 건 또 아니기 때문이다. 공중보건의사 근무지로 가장 인기가 없다는 전라남도에 억지로 배치가 되면 그 안에선 갑자기 섬 근무지가 초인기 지역으로 탈바꿈해버린다. 섬에서 1년만 근무하면 전국 어디든 원하는 곳으로 근무지를 옮길 수 있기 때문에 다들 전남 내륙 근무지보다는 섬 근무를 선호하게 돼버려 그렇게 되는 것 같다. 만약 전남을 1지망으로 선택해서 가더라도 섬으로 발령받는다는 보장이 없었으므로 이런저런 이유로 교도소 근무도 전남 다음으로 인기가 없고 해서 나는 무난히(?) 교도소를 선택해 제 발로 들어가게 된 것이다. 교도소 공중보건의사도 1년 근무 후에 근무지 이동을 할 수 있는 건 마찬가지지만, 처음엔 나도 근무지를 옮길 생각으로 교도소를 선택한 건 아니었고 옮긴다 하더라도 섬보다 이동 우선순위가 낮아 원하는 지역으로 가기는 어려웠다.

　교정시설로 근무지가 확정되고부터 본격적으로 교도소 근무에 대해 알아보기 시작했다. 공중보건의사 배치가 여유를 갖고 이루어지는 것이 아니라서 미리 알아볼 시간이 없었기 때문이다. 전국에 수많은 교정시설 중에서 어떤 시설로 가는 것이 좀 더 유리한지, 부모님 계신 본가에서의 거리와 주변 도시와의 접근성, 교도소가 위치한 도시 자체의 인프라 정도를 중요하게 생각했던 것 같다.

본가가 천안이기 때문에 마음 같아선 수원구치소나 대전교도소, 천안교도소 정도를 Top3로 생각하고 있었는데, 실제로 수원구치소에 간 분은 신규 치과 공보의 중에서 유일하게 경기도에 배치된 것인데다 그것도 도심 한복판으로 갈 수 있는 절호의 기회를 잡은 것이기도 했다. 그 외에도 물론 대전이나 부산교도소, 부산구치소도 해당 지역 출신 선생님들에게 좋은 기회가 될 수 있고, 특히 서울에도 교정시설이 몇 개 있어서 교도소에 배치되고 2년 차 혹은 3년 차 때는 서울에서 근무할 수 있는 여건이 만들어지기도 했다. 이건 공보의로서 대단한 메리트다. 어쩌면 교도소에 배치받아 법무부 소속이 된 공보의들이 일반 보건복지부 및 지자체 소속 공보의들에 비해 상대적으로 누릴 수 있는 유일한 장점일지도 모른다. 유일하고, 아주 특징적인 장점이다. 교도소는 분명 일반적인 공보의 근무지에 비해 장점보다는 단점이 많은 곳이긴 하지만 압도적인 지리적 이점을 챙길 가능성이 있다는 것만큼은 인정하지 않을 수 없다.

교도소 자체가 도심지에서는 좀 떨어진 곳에 있기는 하지만 퇴근 후에 누릴 수 있는 인프라가 다른 시골 보건지소에 비해 좋다는 걸 위안 삼고 지냈던 것 같다. 원래는 계속 교도소에서 근무할 생각이었고 옮기더라도 다른 지방 교도소로 옮겨볼 생각이었는데, 근무 중에 생각이 바뀌어 2년 차부터는 충청북도 시골 동네 보건지소로 옮겼다. 내가 워낙 집돌이 성향이 세서 다른 친구들은 다 싫다는 동네를 관사 관리가 잘 되어있다는 이유 하나만으로 골라 왔는데 달라진 건 별로 없고 인프라만 훨씬 안 좋아졌네?

교정시설은 출입이 자유롭지 못하고 그래서 좀 뭔가 모르게 답답했어요. 제가 근무하던 교도소는 외정문(교도소의 가장 바깥 담장 정문)부터 의료과까지 대략 10개 정도 무거운 철문을 통과해야 했거든요. 외정문 연두색 철창살은 보안과 교도관님이 신원을 확인한 후에 차단기를 열어주셨고요. 외정문을 지나 주차하고 본청으로 가는 내정문에 또 철문이 2개가 더 있는데, 모두 제가 열수 없고 초인종을 누른 뒤에 보안과 교도관님들이 열어주셔야 했어요. 사람이 지나다니는 철문 옆에는 버스가드나들 수 있는 가장 큰 철문이 하나 더 있었는데요, 만약에 제가 들어가려는데 마침 차량 검문이 진행 중이면문 두 개가 동시에 열리지 못하게 되어있어 잠시 바깥에서 기다려야 했습니다. 철저하죠?

본청 안에도 직원증을 찍고 비밀번호를 쳐야 열리는 철문이 여러 개 있어요. 아침에 문을 모두 열고 들어가면영화에서나 볼 법한 긴 복도가 나오고 재소자들이 교도관님들 지시에 따라 움직이고 있더라고요. 그 길을 따라 걷다 보면 재소자들 생활관으로 들어가는 철창살이 군데군데 있고, 한쪽 끄트머리에 가서 또 직원증을 찍고 비밀번호를 눌러야 마지막 철문이 열립니다. 물론 의료과로 들어오는 유리문에서도 다른 비밀번호를 또 눌러야 했고요. 수용자들의 탈주가 불가능하게끔 설계되어 있으니 공보의라고 해도 몰래 집으로 도망가거나 할 수 있는 환경은 못 되었어요. 곳곳에 CCTV가 있기도 하고, 출입증도 항상 찍어야 하니깐. 그리고 돌아다니는 직원분들 눈도 굉장히 많기도 하고요. 교도소는 국가주요 보안시설로 재소자 수용동에는 핸드폰도 가지고 들어갈 수가 없어서 한마디로 근무시간 동안만큼은 공보의에게도 진짜 감옥처럼 느껴지는 곳이긴 했습니다. 의료과는 수용동 안쪽에 있거든요.

무서운 곳은 아닌데 긴장은 돼

#감빵생활   #디테일   #에피소드

남들에게 교도소에서 근무한다고 하면 열이면 열 명이 전부 무섭지 않냐고 물어왔다. 처음엔 나도 걱정되었던 게 사실이지만 막상 일해보니 그렇게 무서운 곳은 아니었다.

하지만 깜짝깜짝 놀라는 일이 더러 있기는 했지. 방금 내가 치료해 준 사람이 누군가의 목숨을 빼앗은 사람이라는 걸 알게 되면 마음속 어딘가가 좀 답답해지는 기분도 들었다. 다른 사람에게 어떤 방식으로든 손해를 끼치고 교도소에 수감된 사람들이 본인에게 '손해가 될지도 모르는 상황'을 가정하고 떼를 쓰는 것을 듣고 있자니 어이가 없을 때도 있었다. 반대로 아주 차분하고 누가 봐도 본인보다 나이가 어린 나에게 고분고분 고개를 숙이던 사람들도 있었는데, 그런 경우에는 굳이 사건기록을 찾아보지 않으려 했다. 그렇게 하지 않으면 인간에 대한 아주 기본적인 믿음마저 무너질 것만 같은 기분이 들었으니까.

가끔 1000번, 1004번처럼 특이한 수번을 달고 있는 문제수들을 진료해야 할 때는 교도관님께서 미리 "입에 손 넣지 마세요"하고 언질을 주셨는데, 그럴 땐 좀 긴장이 되기도 했다. 세게 깨물어 다칠 수 있으니 조심하라는 말이었다.

의도했든 의도치 않았든, 교도관님들은 잊을 만하면 내게 그들이 '범죄자'라는 것을 상기시켜 주었다. 진료 전에 수용자들을 수용동에서 데려오느라 시간이 뜰 때는 옛날 교도소 이야기를 가끔 들려주시기도 했는데, 교도관님들은 보통 '도둑놈들'이라는 단어로 수용자들을 지칭하곤 했다. 딱히 절도로 수감된 사람들이 아니더라도 마찬가지였다. 그 '도둑놈들'이라는 표현이 당시 나에게도 와닿는 건 아니어서 한 번도 내가 재소자를 도둑놈들이라고 표현한 적은 없었지만 그 속뜻에는 공감이 간다. 단지 누군가의 재산을 훔친 것을 넘어서 명예, 그리고 성(性)과 생명에 이르기까지 타인의 무엇인가를 훔친 사람들이라는 뜻이라고 했다.

교도소에 따라 다르기는 하지만 내가 있던 곳은 주 1회, 지역에서 명망 있는 치과 원장님께서 오후에 출장을 오셔서 교도소 공보의가 처치할 수 없는 보철치료, 임플란트 식립 등을 맡아 해주시는 시간이 있었다. 근데 한번은 치과의자에 앉아 진료를 기다리는 재소자 한 명이 고개를 돌려 어디를 뚫어지게 바라보길래 '뭘 보나?'하고 시선을 따라가 확인해 보고선 정말 진절머리가 났다. 원장님과 함께 출장 나온 진료보조 선생님들이 서랍에서 치과 재료를 찾느라 쭈그려 앉아 계셨고, 조금 올라간 수술복 사이로 맨살이 조금 드러나 있었는데 그걸 그렇게 보고 있을 줄이야. 그럴 땐 선생님들 몰래 원장님 진료를 관찰하는 척 옆에 서서 다 가려버리거나, 원장님이 멀리 계시면 재소자 옆에 슬쩍 가서 "앞에만 보세요"라고 주의를 시켜야 했다. 이해하려면 이해 못 할 것도 아니지만 그게 참, 경우가 다르더라.

교도소가 '교정'시설로 불리고 영어로도 'correction'이라는 단어를 강조하긴 하지만 실제로 이들을 '교정, 교화'시킨다는 것은 굉장히 어려운 일처럼 보인다. 그래서 혹자는 "그들은 영원히 사회로부터 격리시켜야 해!"하고 생각할지도 모르겠다. 아닌 게 아니라 전과 기록이 많은 사람 중 몇몇은 쭉 감옥에서 살고 싶은 게 아닐까 싶기도 했는데, 그렇게 하려고 매번 선량

한 사람이 피해를 봤을 걸 생각하면 결국에 우리 사회가 취할 방법은 둘 중 하나인 것 같다. 정말로 영원히 격리하거나, '교정, 교화'시키거나. 그런데 범죄자를 영원히 감옥에서 썩게 만드는 것이 그들을 교화시켜 사회에 적응하도록 돕는 것보다 사회적 비용이 더 많이 든다고 한다. 특히 심각한 정신질환을 가진 범죄자의 경우에는 이들을 완전 격리시키는 것이 오히려 해롭고 치료에도 부정적이라는 연구결과*도 있다.

주제넘게 덧붙여 말하자면, 범죄자를 잡아들여 법의 심판을 받도록 하는 일도 중요하지만, 그들이 받은 심판을 집행하는 동시에 그들을 교화시켜 재범을 막고 사회에 적응할 수 있도록 돕는 일도 중요하다. 그리고 그 일을 우리 교도관님들이 맡고 계신다. 교정본부도 검찰과 같이 법무부에 소속되어 있지만, 유독 사회의 조명을 받지 못해 그분들의 노고가 잘 알려지지 않는 것 같다. TV도 스마트폰도, 심지어는 컴퓨터도 없는 환경에서 교정 현장을 지키시는 분들도 많은 것으로 안다. 사회와 단절된 환경에서 일하는 스트레스를 개인에게 책임지도록

* Raymond F. Patterson 논문, <Our Part in the Evolution of Correctional Mental Health Care> Journal of the American Academy of Psychiatry and the Law 2018;46(2):140-6.

하는 것도 문제가 있다. 재소자의 인권, 가해자의 인권이 지켜져야 하듯이 교도소에서 일하는 분들의 권리와 존엄도 꼭 지켜졌으면 좋겠다.

사실 교도소는 다른 공보의들에 비해 보수도 적고 복지도 적은 근무지라 지내는 동안 불만이 없을 수는 없었지만, 그래도 나 개인적으로 보나 우리 사회적으로 보나 의미 있는 일을 했다는 뿌듯함은 가지고 나왔다. 몇몇 소에서는 교도소에서 근무한 공보의에게 표창을 주기도 했는데, 나도 연말에 하나 주셔서 기념도 되고 기분도 좋고 그렇네. 챙겨주셔서 감사합니다! 내가 상장 좋아하는 건 또 어찌 아시고 :-)

아, 앞에서 이야기한 일들 말고도 거기가 '교도소'고 그래서
다양한 위험에 대비해야 한다는 것을 깨우쳐주는 작은 디테
일도 여럿 있었어요. 몇몇 교도관님들은 글씨를 써야 할 때
마술처럼 겨드랑이 쪽에서 볼펜을 쏙! 꺼내곤 했는데, 그쪽
에 필기구를 보관하는 포켓이 숨겨져(?) 있다는 것도 참 인
상 깊었고, 7급 이하 교도관님들은 항상 호루라기를 휴대해
야 한다는 것도 신기하더라고요. 또 두꺼운 철문이 비밀번
호를 누르면 자동으로 열렸다 닫히긴 하지만, 사람이 낀다
고 해서 도로 열리지 않는다는 특징도 있었어요. 여유를 부
리면 닫히는 철문에 끼어버리고 말아요. 한 대 맞아봤는데
다들 걱정해 주실 정도로 꽤 아프던데요. 화룡점정은, 그
문을 지날 때마다 찍어야 하는 출입증에 입력된 비밀번호가
두 가지라는 점이었지요! 일상적으로 출입할 때 누르는 비
밀번호와, 누군가의 위협 혹은 협박으로 철문을 열어야 하
는 상황에 누르는 비밀번호가 따로 지정되어 있더라고요.
물론 그걸 사용하는 일은 없겠지만 만약을 대비하고 있다는
점이 놀라우면서도 동시에 믿음직스러웠습니다.

범죄자도 돌봐줘야 하나요?

#감빵생활   #공보의   #계호

[계호]라는 말을 들어본 사람이 있을지 모르겠다. 적어도 나는 공중보건의사로 교도소에 발령받은 뒤에 처음 접한 단어인데, [계호:戒護, 범죄자나 용의자 따위를 경계하여 지킴]이라는 뜻이라고 한다. 교도관은 이 [계호권]을 가지고 있고, 재소자의 위치를 이동시킬 때(=[연출]이라 한다) 동행하여야 한다. 법률상으로 [교정직교도관이 수용자를 계호할 때에는 수용자를 자신의 시선 또는 실력지배권 밖에 두어서는 아니 된다.]고 규정되어 있으니, 어찌 보면 교도관은 존재 그 자체로 또는 실력으로 제압함으로써 재소자의 폭력으로부터 나 같은 공중보건의사와 재소자 사이를 차단해 줄 것으로 기대할 수 있었다.

그런데 해당 규정엔 모호한 부분도 있었다. 보건위생직교도관 중 의무직교도관(공중보건의를 포함한다)의 직무를 규정함에 있어

가. 수용자의 건강진단, 질병치료 등 의료
나. 교정시설의 위생
다. 그 밖의 교정행정에 관한 사항

으로 직무를 정하고, 뒤에 [보건위생직교도관은 직무상 필요한 경우에 수용자를 동행·계호할 수 있다.]고 단서를 단 것이다. 즉, 공중보건의에게도 계호권이 생겨버렸다. 권리가 하나 더 붙었으니 이게 좋은 일일까? 내가 느끼기엔 아니었다. 교도관 동행 없이 공보의와 재소자가 단독 대면할 수 있는 근거가 생긴 것이기 때문이다. 재소자의 폭력을 제지하고 공보의를 지켜줄 교도관이 옆에 없어도 규정상 문제가 없게 되었다는 뜻이다. 실제 진료현장에서 교도관님이 자리를 비우는 경우가 많지는 않지만, 이쪽저쪽에서 동시에 진료를 보다 보니 짧은 시간이긴 해도 그런 일이 생기는 것은 사실이었다.

계호를 전담하는 교도관이 재소자 옆에 서 있는 것과, 공중보건의사(또는 의무사무관)가 진료를 하면서 재소자의 동태를 함께 살피는 것은 전혀 다른 일인데도, 그저 단순히 편의를 위해 이런 규정이 생기게 된 건 아닐까? 하는 의심이 들기도 했다.

철저히 내 관점에서 생각한 거긴 하지만. 물론 의료법에 의료인을 폭행, 협박한 경우 징역에 처한다는 규정이 있기는 하지만, '법은 멀리 있고 주먹은 가깝다'라는 말이 실로 이처럼 체감되는 경우는 별로 없을 것이다. 이미 감옥에 와 있는 사람에게 법이 얼마나 와닿을지.

　물론 문제가 생겼을 때 의료과장님의 존재가 큰 방패가 되어주기도 했다. 할 수 없는 일이나 해서는 안 되는 일에 재소자가 떼를 쓰거나, 그래서 수용자의 언성이 높아지면 진료를 의료과장님께 의뢰할 수 있는 시스템이 큰 도움이 됐다. 하지만 의료과장직이 공석인 교도소도 있기 때문에 이마저도 안전한 것은 아니어서 실제로 재소자에게 폭언이나 협박을 듣는 경우가 비일비재하게 일어나고 있다. 특히 치과보다는 의과 공보의에게 많이 일어나는데, 예민해진 재소자들이 본인들의 요구 사항이 받아들여지지 않으면 소동을 일으키기도 하기 때문이다. 치과의 경우에는 그런 일이 그렇게 많지는 않았다.

　내가 있던 소에서는 (평소에도 마찬가지지만) 문제 소지가 있을 것 같은 수감자를 진료하는 경우에 특히 교도관님들이 옆에 가까이 계셔주시고, 작은 소란이라도 일면 즉시 진료실 바깥으로 끌어내 주셔서 나는 다행히 그런 위험으로부터 안전하다고 느끼고 진료에만 집중할 수 있었다. 교도소 시설이 특히 열악하거나, '이보다 더 나빠질 곳도 없다'라고 체념한 재소자들의 경우에 그런 폭력(협박)이 특히 많이 일어나는 것 같다고 했다. 내가 근무하던 곳은 시설이나 환경이 좋은 편이라는 것을 그들도 알아서, 우리 소에서 문제를 일으키고 다른 소로 이감되는 경우 본인만 더 고생하기 때문에 위처럼 위험한 일은 거의 없었지만 그렇다고 아예 없는 것은 또 아니었다. 나는 1년 만에 교도소를 나와 다른 곳으로 근무지를 옮겼지만 앞으로 교도소에서 근무하는 분들의 처우가 개선될 날이 올지 모르겠다.

충북 진천에 있는 법무연수원에서 전국 교도소 공중보
건의사들과 함께 교정시설 공중보건의사 직무교육 합숙
연수를 받은 적이 있는데, 그중에서도 특정 지방 교도소
의 의료과장님과 치료감호소(국립법무병원) 의무사무관
님의 교육이 특히 기억에 남아요. 열악하고 힘든 환경에
서도 누군가는 해야만 하는 일을 묵묵히 하고 계신 모습
에 존경심이 우러나왔거든요. 제가 겪은 일이 아니어서
언급하기는 어렵지만, 국가의 부름을 받아 자의 반 타의
반으로 교도소에 발령받은 저로서는 상상하기 힘든 일
들이 많았습니다. 범죄자의 질병을 돌봐주는 일을 한다
는 것은 가끔 회의가 들기도 하지만 꼭 필요한 일이기도
해요. 그 일을 맡은 분들에게 항상 감사한 마음을 가지
게 됩니다. 저보고 나중에 다시 교도소 안에서 치과의사
로 일하라고 한다면 과연 제가 다시 돌아갈 수 있을까
요?

1 다 그런건 아니지만 교도쏘에는 약을 모아뒀다 한번에 먹거나 거래 하려는 재쏘자도 있단다.

교환   내복약   콜

* 약물중독자에게 흔하다.

2 특히 가끔 특정약품 처방을 원하거나 '더 쎈걸'달라며 「E00」이라는 약을 원하기도 하는데,

그래요~?

참? 거것?

그 노란 약이 잘 듣던데

3 오용과 남용이 빈번하기도 하고, 그정도 진통효과가 필요치 않은 경우가 많아 실제 처방은 안했다.

제가보기엔 일단은 진통제 두개씩 드시면 될 것 같은데요. 행방제도 같이...

Ctrl+V 답변

4 그럴때마다 재쏘자을 설득하고 진정시키면서 대화를 해야하는건 곤욕스러운 일이다. 한둘 아니고.

휴

이제 끝!

재소자를 대학병원에 입원시킨 치과의사

#감빵생활   #실수담   #말하기

그러고 보니 교도소 치과 진료실에 있을 때, 충치가 워낙 깊게 진행돼 얼굴이 심하게 붓고 입이 잘 벌어지지 않는다며 진료실을 찾은 수용자가 있었다. 다른 교도소하고는 다르게 교도관들에게 진료 요청을 하면 비교적 즉각적으로 진료를 볼 수 있는 교도소였기 때문에 그런 증상이 생긴 지 얼마 되지 않았다는 것을 유추해 보아 나는 해당 수용자가 교도소 치과 진료실에서 치료할 수 있는 수준이 아니라는 생각이 들었다. 촉진해 보니 농양이 잡힌 게 확실했고, 여러 가지 이유로 '외진'을 보내야겠다고 생각하게 됐다. 누가 보고 어설프게 따라 할까 봐 자세한 증상은 비밀로 하겠다.

교도소에서 '외진'은 민감한 주제다. 수용자를 교도소 담장 너머 사회로 잠시나마 내보내는 일이기 때문이다. 수용자들은 외진 한 번을 나가기 위해서 각종 꾀병을 지어내거나 말도 안 되는 물건을 삼키곤 할 정도로 담장 밖을 나가고 싶어 하지만, 그런 얕은수를 쓸 때마다 재소자를 사회에 내보내 줄 수는 없으니 웬만해선 외진 없이 소 내에서 진료를 한다. 특히 의사나 치과의사가 외진의 필요성을 인정하는 것은 의학적, 치의학적 지식에 근거해 감별해 내면 의외로 간단한 일이지만, 실제로 외진이 필요한 경우에는 수용자를 방에서 연출해 내 외진을 보내는 과정이 의료과보다는 보안과의 일이 되어버리기 때문에 보안과로서는 외진이란 것이 좀 복잡한 일이기도 한 것 같다.

아무튼 그런데 그 일이 있었던 당시가 내가 막 해당 교도소에 발령받은 지 한 달이 채 안 된 5월이었던 탓에, 나는 별생각 없이 "이건 밖에서 치료받아야 할 것 같다"며 옆에 서 계신 교도관님께 말씀을 드렸고, 교도관님은 약간 당황하시면서 일단 진료 끝내고 더 말씀하시라고 하셨다. 그래서 나는 수용자에게 "이러이러한 상태이니 일단 지금 당장 먹을 항생제를 처방해 주겠다"라고 한 뒤에 수용자는 다시 수용동으로 들어갔고, 의료과장님을 찾아뵙고 000번 수용자 상태가 이러이러해서 외진을 보내야 할 것 같다고 말씀을 드리고 과장님 지시에 따라 외진을 결정하게 됐다.

후에 내가 진료 볼 때 옆에서 계호를 해 주시던 교도관님이 나를 따로 불러다 무슨 말씀을 하셨는데, 요지는 "절대 수용자 앞에서는 외진 이야기를 하지 말라"라는 것이었다. 외진이 필요하거든 일단 어떻게 해서든 수용자를 안심시켜 방에 들여보내고, 그 뒤에 의료과장님과 상의를 해서 내보내는 게 좋겠단 말이었다. 나는 그 말을 듣고는 당연히 그게 맞는데 '내가 실수했구나'하는 생각이 들었다. 그래서 교도관님도 잠깐 당황하셨던 것 같다. 실제로 사달이 나기도 한 것이, 내가 '밖에서 치료해야 한다'라는 취지로 한 말을 수용자는 '얼른 나가야 한다'라는 사인으로 알아들었고, 방에 들어간 뒤에 바로 외진 나가는 줄 알았는데 왜 빨리 안 내보내 주느냐면서 행정 처리가 진행되는 동안 작은(?) 난동을 피운 것이다. '의사선생님이 얼른 나가야 한다고 했는데 왜 아무 소식이 없냐'라고 말이다.

결과적으로 외진이 반드시 필요한 상황이 맞긴 했다. 군산 지역 ○○치과에 들렀다가 거기서도 치료할 수 없는 상태라 원광대학교 치과병원에 전원시켜 응급실을 거쳐 구강악안면외과에 입원까지 하게 되었기 때문이다. 충분히 입원하고 퇴원한 수용자는 배농 튜브를 삽입해 뺨에 구멍이 난 채로 돌아와 가끔 내가 드레싱을 갈아주곤 했다.

　그 수용자가 원광대 병원을 몇 번 더 다녀온 뒤로 치과 외진
은 없었지만, 나는 그 후에 항상 정확한 의사전달을 신경 쓰게
되었다. 수용자 앞에서 "외진이 필요하다"라는 말을 했다 치더
라도, "3일 안에는 하는 게 좋겠다"라고 말했다면 적어도 수용
자가 방에서 소란을 일으키지는 않았을 텐데 하는 생각도 했
다. 살면서 이런 비슷한 일이 몇 번 있었던 것 같다. 사소한 일
이라 일일이 기억하지 못할 뿐이지 내가 한 말을 상대방이 제
멋대로 알아듣는 일은 사실 빈번하게 일어나곤 한다. 누구나
듣고 싶은 이야기가 있고 그 생각을 하면서 남의 이야기를 듣
다 보니 그렇게 들리는 것이겠지. 만약 그럴 때마다 내가 뭔가
를 배웠었더라면 이런 일도 없었을 것도 같다. 사실 정확하게
말하는 연습은 쉽게 하기 힘들기도 하다. 그런 상황이 매일 있
는 사람도 흔치 않고, 이런 말하기 방법이 '평상시의 말하는 습
관'하고는 조금 거리가 있기 때문이다. '일하는 말하기'니까. 만
약 내가 일반 회사에 다녔다면 '일하는 말하기'를 해야 하는 상
황이 좀 더 많았겠지만, 하필 치과의사가 된 탓에 그런 말하기
와 친하지 못하게 된 걸지도 모르고.

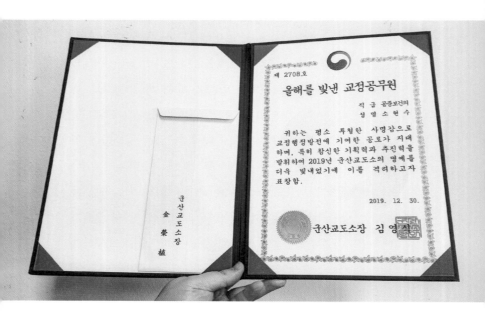

제 2708호

올해를 빛낸 교정공무원

직 급 공중보건의
성 명 소 현 수

귀하는 평소 투철한 사명감으로
교정행정발전에 기여한 공로가 지대
하며, 특히 참신한 기획력과 추진력을
발휘하여 2019년 군산교도소의 명예를
더욱 빛내었기에 이를 격려하고자
표창함.

2019. 12. 30.

군산교도소장 김 영

군산교도소장
金 榮 植

너희 군인 아니야?
아뇨, 뚱인데요

#육군훈련소   #공보의   #공무원

지금 당장 카카오맵을 켜서 논산 '소룡육교'를 검색해 상행선 로드뷰를 켜보자. 2017년 2월 시점으로 뜨는 해당 사진에선 소룡육교를 건너 훈련장으로 향하는 훈련병들을 확인할 수 있다. 그리고 2019년 3월엔 나도 그들 중 하나였지. 이름 대신 번호가 적힌 철모를 쓰고 K2 소총은 등에 멘 채로, 군화 뒷굽 소리만 저벅저벅 들리는 소룡육교를 건너는 동안 철조망 아래로 빠르게 오가는 승용차들에게 상당한 이질감이 들었던 기억이 난다. 4주, 현역 군인들에 비하면 짧다고 밖에 표현할 수 없는 그 시간 동안 우리는 '기초군사훈련'을 받았다.

신체등급 1~4급의 의학계열 졸업생들은 군의관 또는 공중보건의사, 그것도 아니면 병역판정검사전담의사(원래 띄어쓰기 없다 헥헥..)로서 군복무를 하게 된다. 셋 모두 3년하고도 한 달여의

기간을 나라에 바쳐야 하는데, 공중보건의사는 그중의 4주를 육군훈련소에서 보내는 것이다.

　훈련소에 들어가는 날까지 떨리지도, 걱정되지도, 막막하지도 않았다. 4주만 지나면 다시 바깥에 나와 사회인으로서 평범한(?) 생활을 지속할 수 있었으니까(그땐 다들 자기가 외딴섬에 배치될 거란 재수 없는 생각은 1도 안 한다). 법적으로도 '농어촌 등 보건의료를 위한 특별조치법'에 따라 기초군사훈련을 마치고 공중보건의사가 되면 더 이상 군인이 아닌 '임기제 공무원' 신분이 된다. 그런 것 때문이 아니더라도 심적으로 함께 입영하는 동기들도 모두 의사들이거나 치과의사, 한의사들이라 아는 얼굴이 정말 많았기 때문일지도 모르겠다. 실제로 본인이 졸업한 대학 소재지로 주소를 해놓았으면 학교 동기들과 같은 생활관에 배치되는 경우가 많았다.

　근데 그런 행운은 나에겐 찾아오지 않았다. 생활관에 아는 사

람이라곤 오직 나 자신뿐... 내 주소지가 우리 대학에 몇 없는 충청권인 것도 문제였지만, 나이도 문제였다. 나이 많은 순으로 줄을 세우다니 너무해! 아무튼 그렇게 훈련소에 들어간 첫날 누가 몇 번이나 입었을지도 모르는 전투복에 몸을 집어넣고 뻘쭘한 하루를 보냈다. 자려고 누워 천장에 가득한 ~.~.~.. 지렁이 무늬를 보며 멍하니 있자니 왜인지 외로워졌다.

같은 생활관에 재밌는 동기분들이 많았지만, 그중에서 날 알아봐 주고 잘 챙겨준 친구가 새삼 고마워진다. 전북대학교 치의학전문대학원을 졸업한 동갑 친구 결이는 나와 특별한 인연이 있기도 했다. 치과의사 국가시험을 같은 고사장 그것도 같은 교실에서 치렀다는 인연? '뭐야 그것도 인연이야?'하겠지만, 우리는 훈련소에서 만나기 전까지 서로 친분이 있는 사이가 아니었다. 나는 원광대학교 치과대학을 나왔으니깐.

결이는 내가 집필해 전국 치대에 배포한 치주과 학술자료집 서문에 적힌 내 이름까지 다 외웠는지, 치과의사 국가시험 고사장 자리 배치표에서 내 이름을 보곤 '저렇게 생긴 사람이구나' 생각했다고 했다. 그리고는 육군훈련소 생활관에서 다시 만난 거지. 나는 전혀 알아보지 못했다가 결이가 고사장 얘길 해주자 기억이 났다. 내 왼쪽 뒤 대각선 자리에 앉아있던 키 큰 사람. 그래 그런 사람이 있었지. 너무 커서 무서웠는데. 😖 아무튼 결이 덕분에 훈련소에 있던 4주가 외롭지 않았다.

훈련소 분대장님들(현역 군인들)은 사실 걱정을 좀 했다고 한다. 본인들보다 나이가 많아도 한참 많은 훈련병들이 비협조적일까 봐서. 근데 적어도 우리 중대만큼은 그런 분위기가 아니었다. 다들 현역 군인들이 대단하다며, 우리는 4주도 이렇게 지루하고 힘든데 어떻게 버티는지 모르겠다고 말했다. 특히 우리 생활관 동기분들은 다들 훈련 빼는 걸 안 좋아하셔서 누구보다 힘내서 훈련에 적극적으로 임했다. 나는 중간에 몸에 열이 나고 아파서 지구병원까지 다녀오긴 했지만. 아무튼 그래서 조교분들도 우리에게 잘 대해주셨던 것 같다.

동기 중 남자애들 대부분이 함께 공중보건의사로 훈련소에 입영했고, 훈련이 끝난 뒤 전국 각지로 뿔뿔이 흩어졌다. 앞서 말한 결이는 전북 위도에서 1년 차를 보냈고, 학교 동기들은 흑산도, 가거도, 울릉도 할 것 없이 전국 팔도 무의촌에 배치됐다. 그중 흑산도에서 1년을 보내고 OO시로 근무지를 옮긴 동갑내기 친구는 선별진료소 근무로 한여름 더위를 지나 한겨울 추위와 싸우며 지금도 고된 나날을 보내고 있다. 윗분들 치적 쌓기 도구로 소모되느라 몸도 마음도 지쳤을 친구에게 지금 카톡이나 해봐야겠네.

아, 우리 형은 한의사이기는 하지만, 형도 나처럼 원래부터 대학을 한의대로 간 건 아니라서 군대를 육군 현역으로 다녀왔다. 사실 형이 군대 갈 때만 해도 나도 현역으로 군대 가야 할 줄 알았는데, 일이 이렇게 될 줄은 나도 몰랐네. 형이 새삼 대단했다. 공중보건의사로 복무를 한다는 것에 보람을 느끼는 한편으로, 현역 군인에게 감사와 존경의 마음을 갖는다. 정당한 보상, 사회적인 인정, 따뜻한 마음, 셋 중 그 어느 것도 기대할 수 없는 위치. 공보의도 어쩔 땐 "너네 군인이잖아"를, 어쩔 땐 "너네 공무원이잖아"를 들으며 양쪽의 불합리한 대우를 다 받기도 한다. 군인 아니고 임기제 공무원입니다. 누가누가 더 불행한가를 따지게 되는 이 사회가 야속하기도 하지만, 나부터 쥐꼬리만큼만이라도 알아줘야지.

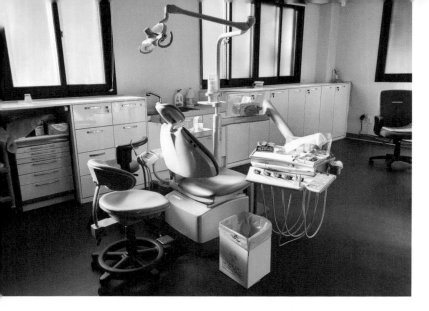

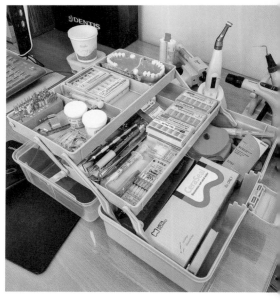

쉬어 💬 가기

공중보건의사 육군훈련소 준비물

다들 육군훈련소에 입영하기 전에 뭘 들고 가야 할지 고민이 되는지 그걸로 검색해서 블로그에 들러주시는 분들이 많다. 나도 물론 그중 하나였고. 대부분 다 어디서 좋은 정보를 들었는지 별걸 다 챙겨오시기도 하는데, 나도 인터넷에서 "아니 이런 것까지 챙기라고? 좀 오버 아닌가?"했지만 막상 가보니 진짜 '그냥 다 가져올걸'싶은 생각이 드는 물건들도 있었다.

그중에서 진짜 없으면 안 되는 것들도 있어 딱 몇 가지만 짚어보자면~

1. 귀마개

귀마개는 정말 필수! 무조건 사야 한다. 잃어버릴 수 있으
니 두 세트 이상 챙기길. 남으면 안 가져온 애들 나눠주
기도 하지만, 그게 자는 도중에 귀에서 빠지는 경우가
굉장히 많다. 그럼 뒤척이다 영영 사라져버리기도 하고,
옆 사람이 지 건 줄 알고 가져가기도 한다. 그럴 때 보통 자기가 가져갔다고 말
안 하니까 여분을 꼭 챙겨야지. 기본적으로 모두가 자신만 믿기 때문에 내가
남의 것을 챙겼을 리가 없다고 생각해서 그런 것 같다.
아, 사실은 내가 코를 많이 골아서 분대원들에게 정말 미안했었기 때문에 이
걸 1번으로 말할 수밖에 없었다... 제발 귀마개 들고 가주세요. 실탄 사격 훈련
전날에 나눠주는 귀마개도 쓸 만은 한데 코는 첫날부터 골기 때문에... 꼭! 꼭!
제발! 챙기자!

2. 휴지와 물티슈

물티슈는 기호에 따라 챙겨도 좋고(생활관 바닥
청소할 때 물티슈 쓴다), 휴지는 두루마리로 몇 롤
(2개 정도?) 챙겨가면 좋다. 휴지 안 가져가면 훈
련 다 끝나갈 때쯤에는 휴지 품귀현상이 일어나서
공산 배급제의 폐해를 직접 경험할 수 있게 된다.
휴지를 미리미리 아껴 쓴 사람은 휴지를 많이 쓰는

사람에게 남은 휴지를 다 빼앗기는(?) 안타까운 광경을 다 함께 볼 수 있다. 오
죽하면 훈련 막바지에 P.X.쓰게 해줄 때 휴지를 가장 먼저 찾게 될까.

3. 샤워타월, 바디워시, 샴푸

보급이 안 되는 물건들이라 챙겨가야 했다. 요새는 또 주는 데
도 있다던데 모르겠다. 최신 정보는 인터넷 검색을 활용해
야지. 라떼는 없었다. 아무튼. 바디워시나 샴푸야 안 챙
겨가도 옆에 전우 것을 빌려 쓸 수는 있지만 샤워타
월은 좀... 빌리기 좀... 그렇기도 하고 다른 사람 샤
워 끝나는 걸 기다릴 수도 없다. 샤워 시간을 그렇게

길게 주지 않는다. 들어가서 머리 감고 몸 여기저기 닦고 헹구면 밖에서 "2분
남았습니다~"하고 알려주는데 그럼 나가면서 물기 닦고, 옷 입고, 물기 때문에
잘 안 신어지는 양말 신고, 활동화 신고, 오와 열 맞춰 서면 개운 찝찝~ 하다.

4. 책

책 읽을 시간이 정말 많다. 그만큼 지루한 시간
이 많다는 뜻이기도 하다. 내가 아마 세 권을
가져갔던 것 같은데 그걸 다 읽고 다른 동기
들이랑 교환해서 몇 권 더 읽었다. 우리 생활

관에는 이야기를 정말 재미있게 잘 하시는 분들이 많아서 그거 듣느라 좀 덜 읽은 것도 같다.

5. 친구 전화번호 메모한 거

남자 동기들 대부분 다 같이 훈련소에 들어왔으니까 '엄마 말고는 전화할 사람이 없겠지?'했는데, 바깥에 있는 동기들이 생각보다 편지를 많이 써줘서 좀 미안했다. 전화해서 콜렉트콜로 혼내줬어야 하는데! 편지를 4주 동안 계속 받기만 하고 답장해 줄 방법이 없어서, 일단 답장을 적어서 훈련 다 끝나자마자 다 사진 찍어가지고 동기들한테 보내줬지. 이렇게 하지 않으려면 전화번호를 메모해 가서 시간 날 때 전화로 고맙다 전해주면 서로 좋을 것 같다. 그리고 엄마랑 매번 통화하기도 좀 그런 게, 더 할 말도 없고 자주 전화하면 왠지 너무 편해 보이니까.. ㅋㅋㅋ

어떤 분들은 미리 우체국에서 '익일특급 우표'를 사가지고 들어와서 손 편지를 부치기도 하던데(군사우편은 매우 매우 느리다. 1주 차에 보낸 편지가 훈련 다 끝나고 나서 도착하는 경우도 봤다) 그것도 좋은 방법이지 싶다.

당연히 이걸 보고 훈련소 준비물을 챙기는 사람은 없겠
지만, 훈련소를 경험하신 분들이라면 "아 그랬지 맞아"
하시기를, 그게 아니라면 "와 그렇구나~"하고 그냥 재
미 삼아 읽어보시기를 바랍니다!

Somebody help me!

견치의 또 다른 이름은 '송곳니'입니다.
송곳니는 질긴 음식을 찢어 어금니가 잘 씹을 수 있도록
도와주는 역할을 해요.
질긴 음식을 여러 방향으로 뜯는 힘을 견뎌야 해서
뿌리가 가장 길고 깊이 심어져 있답니다.
여러 제 이력과 성격 중 가장 근본을 이루는
'돕는 일'에 대해 이야기해 보려 해요.

괜히 도와줬나?

#대학생활   #손재주   #돕는다는 것

　　코로나 이전에 대학에 입학했다면 학년별 대면식에서든 동아리 선배들한테서든 으레 "왜 OO 전공 왔어?" 같은 질문을 다들 받아본 적 있을 것이다. 동기들보다 5살이 많은 나도 예외는 아니었는데, "어릴 때부터 직접 손으로 뭐 만드는 걸 좋아했거든요, 잘 맞을 것 같아서 왔어요"하고 당돌하게 대답을 했다. 선배들은 놀라워하면서도 "오~ 손재주 좋다고 하기 쉽지 않은데~"하며 쓴웃음을 지어 보였었는데, 나도 본과 2학년이 되어서야 그 웃음의 의미를 아주 조금은 이해하게 됐지. 내가 졸업한 치과대학은 본과 2학년부터 본격적인 실습수업이 시작되도록 교육과정이 짜여있었다. 1학점짜리가 기본 4시간에 길게는 해가 질 때까지 이어지기도 하고, 뭔가 만들어 오는 게 과제로 나오는 일도 아주 빈번해서 3년 동안 질리도록 조그마한 것들을 만들다 보면 이른바 '현타'가 다들 찾아오곤 했는데, 아마 그 선배들도 그랬던 것 같다.

나는 아주아주 어렸을 때부터 그림을 그리거나 만들기 하는 것을 좋아했고 꾸준히 취미로 삼아서, 다 큰 지금도 손재주가 좋다는 칭찬 듣는 것을 좋아한다. 미술 하는 것을 좋아했기 때문에 뭔가 만들고 그리는 걸 취미로 계속할 수 있었고, 그래서 치과대학에서 좋은 성적을 받는 데에도 조금이나마 도움이 된 게 사실이다. 난 다행히 부모님이 좋은 손재주를 물려주셔서 동기들보다 이른 시간에 과제를 웬만큼 작업해 끝낼 수 있었는데, 그렇다고 집에 일찍 보내주지는 않더라. 그럼 뭐라도 해야 하니 눈치를 살살 살피면서 대충 다 못 만든 척을 하기도 했다.

근데 내가 만지작거리고 있는 게 누가 봐도 다 만든 것 같았는지, 옆에 앉은 동기들이 하나씩 뭘 물어보기 시작한다. 그럼 내가 또 대충 알려주고 마는 성격이 아닌지라(오지라퍼 등장!) 도움을 요청하는 다른 학우들 작업을 자주 도와주게 되었다. 공부에 집중해야 하는 시험 기간에 공부도 못하고 밤늦게까지 틀니 만드는 실습을 하는 동기들을 보면서 나는 오히려 시험공부보다 실습이 재미라도 있었기 때문에 더 그랬던 것 같다. 어떤 각도로 기구를 조작하는지, 어디가 조금 부족한지 동기들과 이야기하면서 직접 내가 시범을 먼저 보여주기도 하곤 했는데 다양한 친구들한테 도움을 주다 보니 각자 겪는 문제 상황이 다르고 매번 더 좋은 방법을 찾기도 하면서 정작 내 것보다 다른 친구들 결과물이 더 좋아지기도 했던 기억이 난다.

사실 다른 친구들도 다 잘 만들 수 있는데, 단지 내가 좀 더 빨리 만든다는 것 때문에 다양한 실습수업에서 더 좋은 점수를 받은 것 같다. 본과 3학년 초까지만 해도 그냥 실습시간에 뭘 깎고 붙이고 만드는 게 재밌어서 열심히 해 실습수업만큼은 웬만하면 A+를 받았지. 근데 졸업반이 가까워지니 영 마음이 불편해졌다. 서울로 전공의 과정을 밟으러 가기 위해 더 좋은 성적이 필요했던 친구들 사이에서 눈치가 보여 나중에는 (그럴 필요까진 없었는데) 그냥 대충 만들고 제출하는 일도 많아진 것이다. 다른 친구들 요청을 거절하는 일도 많아졌다. 나뿐만 아니라 전공의 등 그 누구의 도움도 안 받은 학생들 입장에선 부정한 방법으로 점수를 따는 것으로 느껴졌을 테니까.

지금 와서 신입생 때 만났던 선배들을 다시 만난다면, 뭣 모르고 "손재주가 어쩌고" 떠들어댔던 내 과거가 좀 민망하기는 할 것 같은데… 그래도 친구들이나 후배들이 내 칭찬하는 걸 가끔 들으면 그래도 체면은 지킨 것 같다. 휴 다행. 전공의 선생님에게나 동기들에게나 내가 좀 한다고 거들먹거리는 것처럼 보이지나 않았으면 좋을 텐데! 동기들이 나를 믿고 무슨 일이든 잘 맡겼던 것으로 미루어 보면 진심이 통했던 것도 같다. 단순히 내 나이가 더 많아서 그랬는지 아니면 호구처럼 보였던 건지 어쨌는지 그건 아무도 모르는 건데, 그냥 나 좋을 대로 생각하려고.

생각해 보면 도움이 필요한 사람을 돕는 일은 대부분 즐거웠던 것 같다. 남들을 돕다가 보면 내가 손해를 보는 때도 있었지만 지나고 보면 그게 그리 큰 손해도 아니었고, 물론 내가 감당 못할 정도의 손해를 볼 것 같을 땐 도움을 거절하기도 했다. 거절하는 게 어렵기는 했지만 말이다. 아무튼, 나도 남들을 도와줄 때는 내 체면 때문에라도 정말 성심성의껏 최선을 다해 도와주려고 노력했다. 도움을 받았던 친구들도 그렇게 느꼈으면 좋을 텐데.

여권은 챙겼는데
비행기를 놓쳤어

#돕는다는 것   #오로라   #해외여행

치과의사가 된 첫해 겨울, 크리스마스를 전후로 오로라를 보러 캐나다에 다녀온 적이 있다. 평생의 버킷리스트였는데, 공보의 때 안 가면 영영 못 갈 것 같아서 계획했다. 받은 연가 4일을 거기다 쓰기 위해서 얼마나 성실하게 근무했는지 모른다. 연가를 쪼개고, 쪼개고, 쪼개서... 3일 3시간만 사용했다. 5시간이 남았는데, 5시간은 금요일에 반가 조퇴를 내고 여행 준비에 썼다. 은행 가서 환전한 캐나다 달러도 받아와야 하고.

그렇게 어렵게 시간을 내 출발했는데 출발부터 문제가 생겼다. 밴쿠버행 비행기의 출항이 3시간가량 연착이 되어 그 뒤에 환승하기로 했던 옐로나이프행 비행기를 놓친 것이다. 옐로나이프행 비행기는 워낙 작고 편 수도 적어서 대체항공기를 타려거든 이틀이나 뒤에 출발하는, 그것도 한밤중의 항공기를 타야 한다고 중년의 서양인 항공사 직원이 말했다. 그 일정대로라면 예정된 옐로나이프 3일 일정 중에 이틀을 까먹고 옐로나이프에 도착한 날 새벽에 바로 돌아와야 했기에 너무너무 억울했다. 해외여행 경험이 적어 어떻게 따져야 하는지도 잘 몰라 당황해하는 동안 그 환승 게이트 직원은 약간 짜증이 섞인 듯한 차가운 표정과 무미건조한 말투로 어차피 그것이 자신들이 제공해줄 수 있는 한계이니 더 궁금한 게 있으면 1층 발권 데스크에 가보라며 몇 달러짜리 숙소 바우처만 한 장씩 나눠주었다.

하는 수 없이 1층에 내려와 앞으로 어떻게 해야 할지 막막해하던 차에, 그래도 사람마다 응대가 다를 수 있으니 다른 에어캐나다 직원을 찾아 말을 붙여보기로 했다. 묵직한 여행 가방을 끌고 여기저기 두리번거리던 눈에 가장 먼저 들어온 에어캐나다 직원분은 동양인처럼 보이는 외모를 갖고 있었다. 내가 어설픈 영어로 먼저 인사를 하고 사정을 띄엄띄엄 설명하려 하자 그 직원분이 갑자기

"어? 한국분이세요?"

하고 반갑게 우리말을 하는데! 정말 눈물이 찔끔 날 뻔했지 뭐야. 어설픈 콩글리시를 눈치껏 알아 들어준 직원... 갬동... (아닌가? 못 알아들어서 한국인인 줄 알았던 건가?)

그제야 말문이 트여서는 무슨 일이 있었는지 이야기를 막 쏟아내니까, 그 직원분은 굉장히 안타까워하면서 최선을 다해 MS-DOS처럼 검은 배경에 회색 글씨만 깜빡이는 화면을 통해 옐로나이프행 항공권을 찾기 시작했다. 옆에서 보니 뭔가 잘 안 되는 것이 눈에 보이면서도 정말 최선을 다해 어떻게든 나와 친구의 명단을 끼워 넣어주려는 노력이 진심으로 느껴졌다. 안돼도 괜찮다고 말씀드렸더니

"어떻게든 넣어드릴게요."

하는 말을 덧붙이는데 그 말이 그렇게 믿음직스러울 수가 없었네. 아닌 게 아니라 혹여나 티켓이 안 구해지더라도 그 정도로 노력해주셨으면 정말로 됐다고 생각하고 있었는데, 직원분이 일단 예약이 된 서류를 뽑고, 다시 더 빠른 것을 도전하셔서 되면 또 출력하고 전의 것은 찢어버리기를 반복하던 끝에 결국,

"죄송해요, 내일 비행기로 밖에 안 들어가지네요."

하며 너무 미안해하셔서 내가 오히려 죄송스러운 마음도 드는 한편으로 너무 너무 감사하고 기뻤다. 거기다 어떻게 하면 그 비행기에 반드시 탈 수 있는지 팁까지 친절히 알려주시고 계속 신신당부를 하셨다. 오버부킹으로 명단을 넣은 탓에 혹시나 우리가 밀려나서 비행기에 오르지 못할까 봐 걱정되셨던 것 같다. 예약했던 오로라 투어를 하루 날려버렸지만 그래도 밴쿠버를 몇 시간 더 즐길 수 있었고, 그 날 밤에 오로라가 뜨지 않았다는 이야기를 듣고는 잠도 푹 잤다. 그때 그 직원분의 성함이라도 알아왔으면 다시 감사 인사를 드릴 수 있을 텐데. 혹시나 이 글을 읽으신다면 정말 감사했다고 다시 한번 말씀드리고 싶다. 2년이 거의 다 되어도 생생한 그 날 일은 정말로 평생 잊지 못할 것 같다.

햇빛에 약간 탄 순한 얼굴이 인상 깊었던 그 직원분처럼 나도 다른 사람들에게 좋은 기억으로 남는 사람이면 좋겠다는 생각을 했다. 누군가를 도와줄 때, 도와주지 않느니만 못한 결과를 만들어 도움을 받은 쪽과 준 쪽 양쪽이 둘 다 민망해지고 마는 경우를 누구나 겪어본 적이 있을 것이다. 그래서 일단 돕기로 마음을 먹었으면 내가 할 수 있는 역량을 다 쏟아 진심으로

도와야 하는 것 같다. 그러면 문제가 완전히 해결되지 않더라
도 오히려 좋은 추억으로 남을지도 몰라.

(입맛을 다시며)
너 사랑니 있어?

#돕는다는 것   #대학생활   #학생진료

자녀를 치과대학에 보낸 학부모이거나, 친한 친구 중에 치대생이 있는 사람이라면 보통 사랑니가 없다. 치대생이 아니라 치과의사 친구 아니냐고? 아니, 치.대.생. 맞고, 이건 실화다. 그 치대생이 다 뽑아서 없는 거다.

내가 졸업반일 때 우리 치과대학은 사랑니를 최소한 8개는 뽑아봐야 졸업요건 충족이 되어 무사히 치과의사 국가고시에 응시할 수 있었다. 학생진료에서 사랑니 8개를 채우는 것은 결코 쉬운 일이 아니다. 그래서 나도 사랑니나 잇몸치료, 신경치료, 충치치료나 소아 환자 등 졸업요건을 채우는 데 애를 좀 먹을뻔했는데, 다행히 동기들이 많이 도와주어서 위기를 넘길 수 있었다. 나라고 도움을 주기만 한 것은 아니고, 결정적인 순간에 마음씨 좋은 사람들의 도움을 많이 받아 치과의사가 됐다는 말이다.

전까진 별다른 교류가 없다가 학생진료를 하면서 가장 많이 친해진 것은 '현석'이라는 친구인데, 학생진료 케이스로 서로에게 크라운 치료를 해주면서 친분이 쌓였고 현석이가 사랑니 있는 본인 친구들을 나에게 두 명(사랑니 3개)이나 소개해 줘서 나로서는 고마워하지 않을 수 없는 동기이기도 하다. 무려 대구에서 대전병원까지 친구들을 불러올 정도였으니 현석이도 원래부터 친구 관계가 대단히 좋았나 보다. 지금도 현석이가 가끔 올리는 블로그 일기를 보면 학교 다닐 때 생각도 많이 나고 재미있어서 좋다.

우리가 서로 크라운 치료를 해줄 때 현석이는 치과교정과에서 레지던트 선생님에게 치아교정 치료를 받기로 되어있었는데, 한번은 내가 만들어준 임시치아를 레지던트 선생님이 최종보철물로 착각하고 "보철치료 다 받았네?"하며 교정 철사를 붙일 뻔한 일이 있었다고 했다. 현석이가 나를 띄워준다고 그 일화를 전해줬는데 기분도 좋고 현석이가 날 믿어주는 것 같아서 뿌듯하기도 했다. 사실 학생진료는 서로서로 '사람'에게 직접 하는 건 처음이다 보니 미숙한 면이 있을 수밖에 없긴 했지만, 그때나 지금이나 환자가 치료해 주는 사람을 믿는 것만큼 술자(의료술기를 펼치는 사람)에게 도움 되는 게 없기 때문이다. 덕분에 우리 둘 다 보철치료를 수월하게 잘 끝낼 수 있었다. 기존 보철물 벗기는 것부터 해서 치아 깎는 거나 최종보철물 교합조정 같은 것까지 보철과 레지던트 선생님께서 많이 도와주시기도 했지만.

그때 현석이가 크라운 치료를 해준 내 치아는 그 당시로부터 10년도 전에 본가 근처 치과에서 신경치료를 받고 씌운 치아였는데, 안쪽에 아말감이 있고 도자기의 윗면이 닳아 금속이 비쳐 보이는 게 싫어 다시 제작한 것이었다. 근데 현석이가 해준 그 보철을 안타깝게도 오래 쓰지 못한 것이, 졸업반 대전 실습이 끝나갈 무렵까지 학생진료 케이스를 구하지 못한 친구에게 그 치아의 치료를 다시 맡기면서 나도 다른 케이스를 받기로 했기 때문이다. 원래는 예전에 했던 신경치료가 탈이 나면서 신경치료부터 다시 받게 된 건데, 그러려면 보철을 뜯어야 해서 그렇게 됐다. 그 치아가 참 고생을 많이 했지, 괜히 치대생 주인을 만나서.

　다시 환자가 되어 치과 의자에 누워있으니 정말 많은 생각이 들었다. 이제 치과 치료가 무섭지는 않았지만, 치과대학 6년 동안 치의학을 공부하면서 내가 '환자 입장'에서 치료받던 기억을 완전히 까먹었다는 것이 가장 놀라웠고, 그래서 오히려 치료받는 동안 뭐가 불편하고 어떤 치료과정에서 무슨 느낌이 드는지를 좀 더 깊이 생각해 볼 수 있었던 것 같다. 너무 깊이 생각하느라 한번은 진료의자 위에서 잠이 들긴 했지만(엣헴).

　사실 그 치아는 이제 나에게 없다. 졸업한 뒤에 나도 치아교정을 받기 시작하면서 그 치아를 뽑아버렸기 때문이다. 마지막까지 참, 그 치아는 비극적인 삶을 살다 갔구나.

아, 저 입학하고 이제 막 한 달 됐는데 뜬금없이 소고기
사준다며 내 사랑니 2개 뽑아간 선배도 있었거든요.
잘 지내고 계시죠? 소고기 안 사주셨잖아요! 다 기억한
다고요! 😭

페르소나

'연극배우의 가면'을 나타내는 페르소나라는 단어는 이제 개개인이 사회적으로 가지는 '인격'을 뜻하는 말로 쓰인다. 우리는 여러 집단 속에서 다양한 페르소나를 갖고 살아간다.

길었던 N수생 생활 탓일까, 한때 나는 '도움을 주는 사람' 혹은 '혼자서도 잘 하는 사람'이라는 페르소나에 갇혀서 정작 도움을 받아야 할 때 그러지 못해 난관에 부닥치곤 했다. 무슨 일이든 잘 하려는 의지가 있고 그래서 남들에게 조금 더 베풀 수 있다는 건 여전히 멋진 일처럼 보이긴 하지만, 혼자 하는 일엔 분명한 한계가 있어서 그럴 때 다른 사람들의 관점을 빌리는 것만으로도 일이 훨씬 잘 풀리곤 한다는 걸 미처 몰랐던 것 같다.

6년간 치과대학을 다니면서 웬만한 감투는 다 써봤다. 예과 2학년부터 매 학기마다 '학습부'로 교수님 수업을 요약하고 정리해 학생들에게 나눠주는 일도 했고, 그 일이 나름 학우들에게 인정을 받아 본과 3학년 이후로는 졸업준비위원회에서 학술대표를 맡기도 했다. 그런 일을 하면서도 나는 친구들에게 '주로 도움을 주고 있다'고 여긴 것 같다. 그 세월이 무시할 수 있을 만큼 짧지도 않았으니... 내가 나 자신을 프레임에 짜 맞춰 넣기에는 충분했나 보다. 물론 실제로 도움을 주기도 했지, 그걸 다 부정한다면 지나친 겸손이겠지. 그렇지만 분명한 건, 항상 도움을 주기만 한 건 아니라는 거다.

교정시설 공보의 근무가 결정된 뒤에 내가 지원할 교도소 순위를 미리 매겨볼 때도 마치 제 일처럼 함께 고민해 주었던 지언이, 태은이가 있어 그 과정이 꽤 재미있는 추억으로 남은 것 같다. 혼자였다면 머리 싸매고 온종일 같은 고민만 반복했겠지. 애초에 공중보건의사 근무지를 결정하는 데 있어 먼저 공보의 근무를 해본 선배 도움을 받을 수 있도록 다리를 놓아준 친구들이기도 했다.

이야기는 하지 않았지만 현석이나 지언이, 태은이 말고도 적절한 시기에 큰 도움을 준 동기들이 많다. 본과 2학년 가장 힘든 시기에 떠밀리듯 과대표를 맡아 이리저리 치일 때도 내 짜증을 받아준 마음씨 착한 원준이, 민주, 동용이가 있었던 것처럼, 각자 이름을 공개적으로 거론하는 것에 일일이 허락을 받지 않아 말하기가 어려울 뿐 친구들 덕분에 곤란한 상황을 해결할 여유가 생기곤 했다. 친구들의 도움은 언제나 그쪽에서 먼저 내 상황을 알아보고 나를 찾아왔다. 내가 먼저 요청하기 전에. 어쩌면 내가 '행운'이라고 생각했던 일들은 모두 주변 사람들의 배려와 관심이었을지도 모르겠다.

크 권력에 취한다~(?)

#실습수업   #완장   #뽐내기

치과대학에선 학생진료 말고도 학생들 서로서로 실습해 보는 것들이 꽤 많다. 마취 실습, 스케일링 실습, 팔에 링거 주사 꽂는 실습, N2O 웃음가스 실습, 서로 X-ray 사진도 찍고 본뜨는 연습도 많이 한다. 한번은 내가 조장이었는데 실습에 자원하는 학생이 없어 내가 실습대상이 되어야 했던 경우도 있었다. 정확히는 학생끼리 1:1로 마취주사를 서로 놓아주는 실습이었는데, 마침 조원이 홀수라 짝이 안 맞는 바람에 나는 학생 2명에게 마취실습을 받게 된 거지. 왼쪽, 오른쪽, 양쪽 다 턱 깊숙이 전달마취를 받아 혀 전체가 마취돼 2시간 동안 말을 제대로 못 해 우스꽝스러운 하루를 보낸 적도 있었다. 아랫입술 감각도 없어서 침도 막 질질 흘리구... 조장 권력의 맛에 취해서는. 😵

본과 3학년이 되고 병원실습을 시작하면서 '졸준위'* 또는 '총대표단'이라 불리는 학생자치기구에 참여하게 되었는데, 나는 학술대표로서 전국 치과대학 학생들과 함께 볼 국가시험 학술자료를 집필하는 것 외에도 치과대학병원 과목별로 임상 실습을 하는 데 필요한 허드렛일도 맡게 됐다. 당시 〈소아치과〉 담당을 맡아 소아치과 실습에 필요한 제반 사항들을 준비하거나, 교수님 또는 레지던트 수련의 선생님들과 학생 간의 소통창구 역할을 했고, 그 외에도 인턴십/풀킵/풀옵으로 이어지는 3단계의 임상 실습에서 항상 조장을 맡아야 했다.

졸준위 활동뿐만 아니라 뭔가 감투를 쓰면 보통 학생들에게 욕받이가 된다. 우리 치대는 동기만 약 90명에 달해 그 많은 수를 다 만족시키기란 어려운 일일 수밖에 없었다. 그래서 무슨 직책을 맡는다는 게 부담스럽긴 했지만, 친형에게 조언을 구해보고 해보라는 용기를 줘서 맡게 됐지. 최대한 다양한 목소리를 들으려 이렇게도 해보고 저렇게도 해보고 노력했다. 나더러 졸준위에 함께 해달라고 제안해 준 중수라는 친구에게도, 그리고 병원실습과 국가시험 준비에 앞서 동기들이 나에게 보여준

---

* 졸업준비위원회

기대에도 합당한 책임감을 보여주고 싶었던 것 같다.

　다행히 그간의 이런저런 일들이 친구들에게 잘 보였는지, 주변에 어린아이가 없어 소아치과 학생진료 케이스를 구하지 못했던 나를 동기가 먼저 도와주기도 했다. 그 친구가 부른 아이 부모님이 다른 아이를 한 명 더 데려왔는데, 데려온 김에 그 아이도 학생진료를 받게 해줄 학생을 찾다가 내 생각이 났는지 나를 불러준 것이다. 나도 운 좋게 시간이 나서 레지던트 선생님께 급하게 양해를 구하고 소아치과 케이스 할당량을 채우게 됐다.

　어쨌든 맡은 일 중에서 가장 심혈을 기울였던 건 당연히 '학술 대표' 역할이었다. 그게 내가 졸준위에 참여하게 된 근본적인 이유이기도 했고. 더군다나 그건 우리 학교 학생들에게만 영향이 가는 일이 아니라, 전국 11개 치과대학 및 치의학전문대학원 동기 선생님들께 보여줄 시험 교재를 내가 만들어야 해서 더 그랬다. 나는 치주과 교재를 단독으로 맡았고, 구강악안면외과 교재는 다른 학교와 공동으로 맡았다. 내가 책임지고 집필하게 된 치주과 교재는 무엇보다 좀 더 내용을 한눈에 알아볼 수 있게끔 레이아웃을 편집하는 데 중점을 뒀다. 시간이 오래 걸렸던 만큼 동기들은 물론 다른 학교 학생분들 반응도 정말 좋았고 후배들도 그 교재로 공부를 했다고 해서 정말 큰 보람을 느꼈다.

  감투를 쓰면 사실 권력(?)이라고 할 만한 권한도 생기기는 하지만, 그래 봤자 기껏해야 조 짜는 거, 수업 자리 배치하는 거, 그런 거지 사실은 다 허드렛일이나 해야 한다. 조 짜고 자리 배치하는 것도 얼마나 성가신 일인데... 혼날 때도 대표로 불려가서 혼나야 하고. 이쪽저쪽 의견에 치이고! 규칙을 잘못 이해해 돌발적으로 이상한 행동을 하는 동기도 처리(?)해야 하는데, 때때론 무슨 말도 안 되는 음모론 수준의 괴상한 헛소문을 만들어 퍼뜨리는 동기도 상대해야 했다. 다 알고 왔는데 당사자가 아닌 척 모르는 척 세상 순진한 척 발뺌하는 걸 보면 정말..! 휴, 그냥 오해라고 타이르며 이를 악! 하고 물고 버텨야지. 생각하니 PTSD 올 것 같아 그만!

재잘재잘
덧붙이는 말

(뽐내기 주의!) 근데 원래 그렇게 당일에 갑작스레 학생 진료를 하는 게 일반적이진 않아서, 수련의 선생님도 사정을 이해해 주시며 알겠다고 하시곤 사실은 '조금만 실수해도 인정 안 해줘야지!' 생각하셨다고 한다. 다행히 내가 어린이를 진료할 때 아동이 놀라지 않도록 지켜야 하는 기본적인 사항들을 잘 지켜서 오히려 선생님이 놀라셨다고. 환자와 보호자를 돌려보낸 뒤에 전공의 선생님께서 나더러 "준비 안 돼 있을 줄 알았는데 잘하셨어요"하며 칭찬해 주셨다ㅎㅎ.. 감사해요 쌤. 😌

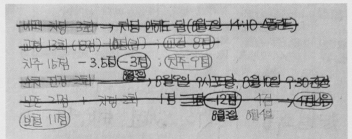

2018 대전치과병원 임상실습

원내생 수첩

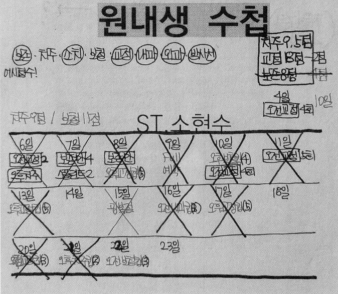

모를수록 용감해져

#진료　　#초보　　#스트레스

　　치과의사 한 명이 제 역할을 하기 위해서는 사실 선배 치과
의사의 도움이 절실히 필요하다. 거의 모든 진료가 결국에는
치과의사의 손끝에서 구현이 되어야 하는데, 이론 공부만으로
는 그게 불가능하니까. 그래서 치과대학 교육과정도 실습 비중
이 아주 크다. 단지 교수님들이나 전공의 선생님들 진료를 참
관하는 데 그치는 게 아니라 6년간 직접 모형 상에서 연습도 해
보고, 실제로 직접 환자를 진료하기도 하면서 진료를 손에 익
히는 것이다.

　　어떻게 말해도 자랑처럼 보일 테니 그냥 대놓고 말하자면,
나는 치과대학 다니는 그 6년 동안 웬만하면 실습 때문에 스트

121

레스를 받은 적이 없었다. 그래서 '실습 잘 해도 임상은 전혀 다르다는데'하는 걱정을 매번 하면서도 한쪽으론 치과 임상을 얕잡아보고 있었는지도 모르겠다. 원내생* 때는 우리 대학병원에 내원한 환자들의 엑스레이 사진을 보면서 가끔 '앗' 하는 소리를 속으로 삼키고 '왜 저렇게 했지?'하는 이전 술자의 치료방식에 대한 의문, 혹은 어쩌면 무시 같은 것을 동기들과 나누기도 했었다.

그런데 공보의를 시작하고 마침내 교도소 주치의로서 '내 환자'를 마주했을 때, '일단 진단을 내리고 치료를 시작했다는 게' 얼마나 대단한 것인지 깨닫는 데에는 얼마 걸리지도 않았다. 모든 진료에는 사연이 있다는걸, 그래서 한없이 겸손해야 한다는 걸 뒤늦게서야 깨달은 거다. 학교에서 실습으로 "이것 하세요. 이렇게 이렇게 하는 겁니다."하고 던져주는 과제와 실제 환자의 증상을 듣고 처치를 하는 것 사이에 얼마나 큰 거리가 있는지, 그 먼 격차를 학생 때는 몰랐던 것 같다. 학교에서 하던 신경치료 실습과 환자가 말하는 "이가 아파요" 사이의 수많은 가능성 중에서, 환자에게 신경치료를 권해야 할지 아니면 이를 뽑아야 할지의 결정조차 고민이 됐을 때 참 많이 혼란스러웠

---

* 병원 실습 중인 학생을 부르는 말

다. 대학병원에서 원내생으로 초진 환자의 문진을 할 때는 병력청취도 꼼꼼히 하고 다양한 검사 항목을 전부 검사하고 엑스레이도 찍어 보고 심사숙고해서 '졸업점수를 따기 위해' 맞춰야만 했던 진단명과는 다르게, 실제 교도소 진료현장에서 그런 과정을 모두 거치는 것은 비현실적이고 무리가 있기도 했다.

나는 그래서 내가 단독으로 판단하기 애매한 것들은 단정해주지 않고 따로 적어두었다가, 교도소 내 자비진료**에서 어떻게 치료를 받는지 원장님 뒤에서 지켜보며 확인하는 과정을 거치기도 했었다. 외부 원장님께 일부러 질문을 드리기도 하고, 원장님도 가끔은 먼저 여러 가지를 가르쳐주셨다. 따지고 보면 학생 때와 비슷한 일을 했지만, 이번에는 점수가 아니라 '다음 번에 나 혼자서도 정확한 치료 결정을 하기 위해서'였다는 것이 달랐다. 발치할지 신경치료할지, 신경치료할지 떼우거나 씌우기만 할지, 신경 문제인지 잇몸인지… 많은 고민과 확인 과정을 거치며 경험을 쌓아갔다.

물론 신경치료라는 진료 술식 자체만 해도 그랬다. 대학병원 진료실에 있는 좋은 기구랑 기계로 하면 누구나 다 쉽게 하는

** 외부 치과 원장님께서 교도소로 출장을 오셔서 하는 진료

것 아니냐는 원내생의 환상은 막상 그걸로 진료 한 번만 해보면 곧바로 깨져버리고 만다. 처음 실패했을 때 얼른 환상을 깨고 나온다면 좀 낫겠지만, '아 이번엔 운이 나빴어'하고 넘어갔을  땐 그다음도 뻔하다. 1만 시간의 법칙은 흔하고 지루한 이야기지만 그게 맞는 것도 같다.

사랑니 발치도 마찬가지다. 학교 다닐 때 직접 8개 뽑아봤고, 개중에 매복 사랑니 발치가 2개 있었는데, 솔직히 그대로 졸업하기엔 발치기술에 대한 배경지식이 부족했던 것 같다. 하나를 뽑더라도 좀 더 생각하며 했으면 좋았을걸. 대전에서 사랑니 발치 6개 하는 동안엔 그래도 외과 전공의 선생님들께서 1:1로 붙어서 정말 잘 알려주셨는데 그 전에는 그렇지도 못했다. 대전병원에서 받은 교육에 이제 김영삼 원장님 강의도 듣고, 다른 구강외과 원장님들 스타일도 많이 접하다 보니 이제야 좀 감이 잡힌다. 알아갈수록 부족함을 느끼고 있긴 하지만 말이다.

치과대학 6년과는 다르게 공보의 1년 동안은 진료 때문에 스트레스를 많이 받았다. 정말 기초적인 의문점이 생겼을 때 궁금증을 해소해 줄 수 있는 어른이 있으면 참 좋겠다는 생각도 많이 했다. 새로운 걸 알아갈 땐 즐겁기도 하지만, 어쩌다 내가 너무 모르는 건 아닐까 하는 생각이 들면 자괴감이 들기도 하기 때문이다. 보통 일반 치과에 취직해서는 3~6개월이면 1인분 역할은 충분히 하게끔 트레이닝이 된다지만, 공보의는 그만큼 환자를 많이 보기가 힘드니 시간이 좀 더 걸리나 보다. 나도 지금은 많이 나아졌고 웬만큼 할 수 있다는 생각이 들지만 그래도 계속 공부하고 더 나은 방법을 찾는 중이다. 나도 후배 치과의들한테 자신 있게 가르쳐줄 수 있을 때까지!

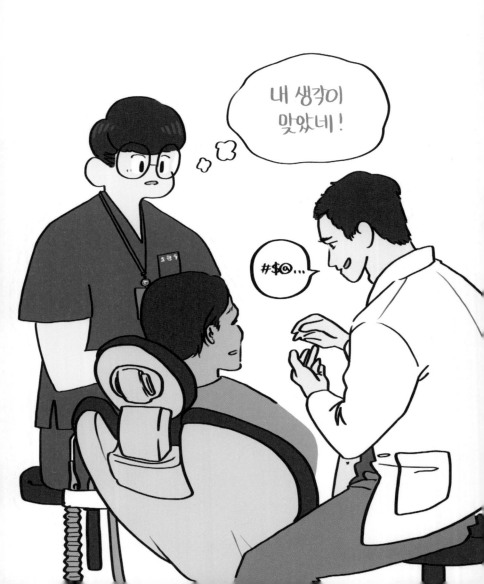

아무것도 모르면서!

컴퓨터 앞에 앉아 치과의사들만 들어갈 수 있다는 커뮤니티를 켠다. 게시글 목록을 쭉 훑어보며 마음에 드는 제목을 찾는다. '아, 이건 딱히 관심 없어'싶은 건 건너뛰고, '어~ 이거 재밌겠네?'하는 생각이 드는 걸 골라 들어간다.

"야 이거 봐봐"

내용을 대충 캡처해 동기에게 카톡을 보낸다. 뭐 얼마나 재밌는 내용이길래 공유까지 하느냐고? 하하... 이거 알려주면 안 되는데 큰맘 먹고 알려주자면, 근관치료, 임플란트, 총의치, 국소의치... 웩. 사실 누구에게나 재미가 있는 내용은 아니고 주말마다 열리는 각종 치의학 교육들이다. 대학 교양수업 제목만 보면 엄청 재밌어 보이고 배워보고 싶어지는 그런 것처럼, 치과의사들도 치과 교육 제목을 읽으면 확 끌리는 그런 게 있다.

아무튼 그렇게 게시글을 몇 개 골라 관심 있어 할 것 같은 친구들에게 카톡을 보낸다. 같이 갈 친구를 찾으면 고민이 쉽게 끝나지만, 그렇지 않으면 긴긴 고민의 나날이 시작된다. 여기서 서울까지 올라가는 일이 만만치 않은 일이라 그렇기도 하고, 주말 데이트도 미뤄야 하고, 숙소도 잡아야 하는 데다 교육비도 사실은 꽤 부담이 돼서. 적게는 십여만 원부터 많게는 수백만 원, 정말 비싼 건 천만 원이 넘는 교육도 있다. 그래서 이런저런 생각을 하다 보니 윽, 접수 마감이다.

정말 인기가 좋은 교육들은 미리 '대기자'를 받기도 한다. 나도 대기자 명단에 올라가 있다가 겨우겨우 들은 임상 세미나가 몇 있다. 아이돌 콘서트 티켓팅에 비할 건 아니지만, 말하자면 그런 치과계의 아이돌 강사 원장님들도 꽤 있어서. 그만큼 치과의사들이 본인 진료 실력을 갈고닦는 일에 적극적이라는 뜻이겠지! 나만 잘하고 싶은 욕심도 들지만, 그럴 수는 없지. 선배고 후배고 할 것 없이 애초에 나보다 뛰어난 분들이 많다.

사실 환자를 직접 진료하면서 내가 부족한 부분을 깨닫는 게 가장 빠르고 정확한 건 맞지만, 진료를 하다 보니까 이것도 맹점이 있다는 생각이 들었다. 다알고 다 할 수 있다고 생각했는데, 실제로는 '내가 뭘 잘못하고 있는지'도 모르는 게 훨씬 큰 것 같아서. 일반 치과에 고용돼서 일하는 거라면 모르겠지만, 졸업하자마자 혼자서 모든 진료를 맡아야 하는 공보의는 본인 진료 과정이 어디가 어설픈지 잘 모를 수밖에 없었다.

미리 세미나나 임상 실습 없이 환자를 마주하게 되면, 내가 아는 선에서만 '어이렇게 하면 이렇게 돼야 하는데 실제로 해보니 잘 안되잖아?ㅠㅠ 뭐가 잘못된 거지?'하고 말겠지만, 거기서 중요한 건 내가 뭘 모르는지, 내가 생각할 수없는 부분을 배우는 게 더 필요하다고 느끼게 됐다. 그래서 사교육이라고 할수 있는 세미나를 찾아다니고, 임상 서적을 찾아 읽게 되었지. 세미나는 이미다양한 실패를 마주하신 분들의 이야기를 들으며 그 해결책을 알고 계신 분들의 도움을 받을 수 있어 큰 도움이 된다.

주말을 이용해 세미나를 듣고 오면 혼자서 연습해보는 시간이 필요하다. 더 좋은 걸 배워왔으니 바로 환자에게 적용해볼 수도 있겠지만 나는 왜인지 몇 번 더연습하게 된다. 세미나를 듣더라도 본인이 가진 경험과 배경지식에 따라 얻어가는 게 달라서, 직접 환자에게 해보기 전에 미리 연자분 말씀대로 내 손으로도잘 되는지 확인을 해보고 싶은 마음 때문이다. 잇몸 모형을 실과 바늘로 꿰매는것부터 정말 많이 연습했다. 턱과 얼굴 부위 보툴리눔 톡신 주사법을 배워온 뒤에는 거울을 보면서 내가 내 양쪽 턱에 주사를 놓아보기도 했다.

그 옛날 소크라테스가 한 (실제로 그의 어록인지는 모르겠지만) "너 자신을 알라"라는 명언을 모르는 사람은 없을 것이다. 그런데 그 속뜻이 '네가 아무것도 모른다는 사실을 인정해라'라는 건 모르는 사람도 많다. 소크라테스는 적어도 자기 자신이 아무것도 모른다는 사실만큼은 안다며, 그래서 자신이 남들보다 더 많은 것을 안다고 했단다. 겸손한 건지 아니면 그 반대인지 아리송하지만, 그 말이 참 맞다는 생각도 든다. 나도 내가 뭘 모르는지 아는 것부터 제대로 하려고 노력한다.

후, 아무튼, 오늘도 치과 커뮤니티에 들어간다. 백만 원. 새로운 고민 시작~ 차라리 몰랐으면 좋았을걸.

고민이네요, 좋은 병원이 뭔지

소구치는 작은 어금니로 불리고 보통 한쪽에 두 개씩 납니다.
음식을 씹는 데에 참여하는 비율은 높지 않아 치아교정할 때
공간을 만들기 위해 뽑아버리기도 해요.
이처럼 치과의사로서도 '나만의 치과'를 차리려면
여러 가지 선택지 앞에서 때로는 과감한 결단이
필요하지요! 좋은 병원을 만들기 위해
제가 해본 생각을 한 번 이야기해 볼까 해요.

미련 곰탱이

#말하기　　#감정기복　　#원준이

　같은 말을 해도 좀 기분이 나쁜 사람이 있고, 아닌 사람이 있는데 도대체 무슨 차이가 있는지 모르겠다. 내 평생소원이 있다면 환자분들께 친근한 치과의사가 되는 것과 동시에, 내가 하는 어떤 말이든 상대방이 진의를 왜곡해 듣지 않았으면 하는 것이다. 근데 그보다 더 솔직히 말하자면, 내가 여러분께 하는 말보다는 그분들이 나에게 하는 말의 진의를 더 잘 알아들었으면 좋겠다. 무슨 말이든 기분 나쁘게 듣지 않고 말이다.

　아빠는 우리 형제에게 '평정심'을 유지하라고 많이 강조했다. 그때가 초등학생 때였으니 조그만 애들을 놓고 너무 어려운 이야기를 하신 건 아닐까 싶기는 하지만, 그것도 나름 도움이 되었지 싶다. 지금 나는 크게 화를 내는 일도 없고, '그래 그럴 수 있지'하는 마음가짐을 많이 가지려고 노력한다. 이런 성향이 나쁘다는 건 아니지만 사실 좀, 눈치가 필요한 일에 눈치 없게 '읭? 이게 무슨 상황?'하는 감각이 좀 무뎌지게 된 것도 같다.

과대표를 맡았던 본과 2학년 때 교수님이 어떤 학생의 수업 태도를 문제 삼으시며 도중에 나가신 적이 있었다. 나는 얼른 교수님 뒤를 쫓아 교수연구실로 가 닫힌 문을 두드렸지. 들어오라고 하셔서 이런저런 말씀 하시는 것을 듣고 나도 무슨 말을 많이 했는데, 교수님께서 대뜸 이런 말씀을 하셨다.

"너는 진짜 곰 같다. 과대표는 여우 같은 애들이 맡아야 하는데. 힘들겠다."

나는 지금도 그게 무슨 뜻으로 하신 말씀인지 모른다. 진짜 맞는 말씀이긴 했나 보다. 그때 무슨 이야기를 나눴었는지 기억이 난다면 주변에 물어보기라도 하겠는데, 기억도 안 나. 글쎄다. 그냥 생긴 대로 살아야지 이제 와서 어쩔 거야.

둔하다고 해야 하나, 감정 기복이 크지 않은 이 성격이 일하

는 데 도움이 되기는 한다. 동기 치과 의사 중에 가장 친한 원준이는 감수성이 정말 특출나게 풍부한데, 그게 원준이의 가장 큰 장점이지만 반대로 환자에게 들은 폭언에 매번 큰 상처를 받곤 해서 그 부분 때문에 이 일을 많이 힘들어하는 것 같다. 나도 원준이한테만큼은 특별히 신경을 써서 할 말 못 할 말을 가려 이야기한다. 근데 반면에 나는, 강아지라고 욕을 먹어도 한쪽 귀로 흘려보내는 게 좀 더 빠르다. 나랑 전혀 관련이 없었는데 다짜고짜 나한테 욕을 하던 그 상황을 지금 다시 생각하니 어처구니가 없긴 한데, 그래도 업무에 회의를 느낄 정도는 아닌 것 같다. 아 근데 여자친구가 나보고 국어책이냐고 했던 건 쫌... 상처...(또르르 🙁)

사실 나도 처음부터 이랬던 건 아니었던 것 같다. 잘 다니던 사범대학을 그만두고 가장 힘들었던 시기에 〈서른살이 심리학에게 묻다〉라는 제목의 책을 읽었는데, 생각보다 큰 위로를 받아 이때가 전환점이 아니었을까? 하는 생각이 이제야 든다. 그

책 말고도 여러 곁눈질로 심리학을 배운 뒤에는 가시가 돋친 말 속에 그들의 불안한 심리상태나 방어기제가 깔려있다는 사실을 안다. 물론 사람이 그러면 안 되는 거긴 하지만, 아프니까 자꾸 예민해지고 날카로운 반응을 보이는 거겠지. 심한 말을 들어도 어느 정도는 이해하고 넘어간다.

물론 나도 상처를 받는다. 화가 나서 언젠가는 보복하고 싶은 마음이 들 때도 있다. 그런데 다음에 만날 환자분들을 위해 얼른 털어버리는 게 낫다고 생각한다. 내 감정에 지배되지 않는 건 환자들을 위해서도 꼭 필요한 일이다. 어떤 일이든 외적인 성취보다 내적인 성장이 중요한 것 같다. 여전히 눈에 띄는 성공을 위해 고군분투하고는 있지만, 사람을 상대하며 경험하는 작은 상처에 무너지지 않는 건강한 마음가짐은 꼭 잃지 않았으면 좋겠다.

이제 더는 생산되지 않는 스티커 〈Sandylion〉에 곰돌이
치과의사 스티커가 있다는 소식을 듣고 컬렉션 시장을
뒤져 하나를 구했습니다. 아이들 손바닥만 한 크기에 반
짝이 코팅(Pearly Teddy)이 되어있는 스티커가 정말 귀
여워요. 저도 이 곰돌이같이 푸근한 치과의사가 되었으
면 좋겠습니다~ 😍

어떻게 아파요

#뽐내기   #의사의 말   #에피소드

  욕도 욕이지만 누가 내 칭찬한 걸 제3자를 통해 전해 듣는 것만큼 짜릿한 게 또 없지. 우리 학교 대전병원 학생진료실 입구에는 항상 치과위생사 선생님께서 상주하고 계셨는데 학생 진료를 직접 도와주시지는 않았지만, 우리가 작성한 진료기록을 기반으로 보험청구를 하시거나 우리가 내린 처방을 병원 전산에 올려주는 역할을 하셨다. 항상 거기 계셨기 때문에 학생들이 매번 드나들고 진료하며 하는 말을 아무래도 전부 듣게 되셨던 것 같다. 어느 날은 아부지가 나에게 학생진료를 받으러 대전병원에 오셨고,

  "뒤로 넘어가요~ 편하게 기대 누워 계세요."

"아~ 해보세요. 잇몸 검사할 건데 누를 때마다 불편해요."

"다 했어요. 일으켜 드릴게요~"

"입 헹궈보시고요. 피가 좀 섞여 나올 텐데 괜찮으니까 놀라지 마세요."

나는 별생각 없이 그냥 학교에서 배운 대로 했다. 불편할 수 있는 부분들을 미리 알려 놀라지 않게 하거나, 걱정하지 않도록 사려 깊게 표현하는 것 등 학생들끼리 서로 시뮬레이션도 해보고, 동영상을 찍어 주변 지인들에게 피드백을 받기도 하면서 배운 것들이었다. 아무튼 아부지 진료를 잘 마친 후엔 천안에서 사 들고 오신 호두과자 한 상자를 치위생사 선생님께 드리고 나왔던 것 같다. 나머지는 학생 대기실에 놓고 애들이랑 나눠 먹었고.

그런데 나중에 친구한테 전해 듣기로, 학생진료실에 계신 그 치위생사 선생님께서 나를 굉장히 좋게 보셨다는 거다. 부모님 진료하면서 그렇게 예쁘게 말하는 학생 처음 봤다고 말이다. 호두과자를 드려서 그러셨는지, 진짜 그냥 좋게 봐주셨던 것인지는 모르겠지만 기분은 정말 좋았다. 그리곤 괜히 더 진료 중에 말하는 것에 신경을 쓰게 됐던 것 같다. 아직 미숙해서 더 배워가는 중이지만.

나도 환자로 병원에 가는 경우가 왕왕 있다. 작년까지만 해도 나는 머리가 자주 아팠는데, 한번은 그 이유를 찾으러 지역 중소병원에 들른 적이 있었다. 거기서 만난 의사 선생님께서는 나에게

"머리가 어떻게 아파요."

하며 의문문 아닌 평서문처럼 따지듯 물어보셨는데, 대뜸 그런 까칠한 목소리를 들으니 '이 사람은 왜 이러지?'하는 생각이 먼저 들었던 게 사실이다. 하마터면 집안에 우환이 있는지 여쭤볼 뻔했다(거짓말이다). 나는 '어떻게 아프냐'는 말이 정확히 뭘 물어보는 건지 몰라서 그냥 생각나는 대로 이야기를 했다.

"어~ 체한 것처럼 아프기도 하고요."

여기까지 말하고 '이런 걸 물어보는 게 맞나?'하는 생각에 잠시 기다렸는데 컴퓨터만 쳐다보며 키보드를 두들기고 계시길래

"보통 목이랑 어깨도 다 같이 뻐근해요."

하고 끝까지 말했다. 그러자 기다렸다는 듯이 그 의사 선생님의 불호령이 떨어졌다.

"아니이이~! 그런 게 아니라 머리가 지.끈.지.끈 아픈지 터.질.것처럼 아픈지 그런 걸 말씀하셔야지!!"

진료실이 떠나가라 큰 소리로 꾸지람을 들은 나는 황당해서 그냥 의사 선생님 눈을 똑바로 바라보는 것 말고는 할 게 없었다. 날 만나기 전에 무슨 일이 있기는 했나 보네. 전공의 때 고생을 너무 많이 했나? 근데 왜 나한테 염병이지? 염병은 좀 심했나. 아무튼, 내가 아무 말 안 하고 멀뚱멀뚱 쳐다만 보고 있자 그 원장님은 씩씩대던 숨을 가라앉히고 조금 차분해진 목소리로 다시 물어보셨다. 그래서 나도 안 들이받고 그냥 진료받고 나왔다. 두 번 다시 찾아가지는 않았지만 말이다.

사실 한국 지역사회 1차 의료의 현실은 질병보다는 정부 기관이나 직원, 경쟁 병의원과 민간보험사, 가끔은 환자까지 '진료 외적인' 다툼이 더 치열하다는 건 나도 안다. 그래서 내가 처음 치과대학에 진학했을 때쯤 순수하다 못해 순진하게 가졌던 생각들도 다양한 일을 겪으며 전혀 다른 방향으로 가는 중이다. 선배 선생님들의 조언, 다양한 사건 사고를 통해 듣는 의료현장은 '환자를 지키기 전에 나를 먼저 지켜야 하는' 전쟁터 같은 곳인 것 같다. 그래서 누구든지 예민해질 수 있다는 건 이해한다. 나도 그런 날이 있으니까.

주변에는 없지만, 한 다리만 건너도 권위적인 성향을 한껏 뽐내는 동료들의 이야기를 들을 수 있다. 그리고 대부분 주변에서 이야기하는 그런 이야기를 모아보면 대개 같은 사람일 때가 많다.

"어 너도 그 쌤 알아? ㅋㅋㅋㅋ"

환자에게 고압적인 태도를 보이는 의사들도 있고 나도 직접 만나봤지만 적어도 내가 만난 원장님은 존댓말이라도 썼으니 다행이라고 해야 하나? 실제로 반말로 진료하는 사람들의 이야기도 가끔 들린다. 그렇지만 그런 사람들이 있다고 해서 누구나 다 그렇게 해도 된다는 건 아니다. 그 방법이 환자에게 잘 통하는 특유의 분위기를 가진 원장님도 계시지만, 보통 의료인의 그런 태도는 '다름'이 아니라 '틀림'으로 간주하니까.

환자 한 명마다 진심으로 진료하겠다는 처음의 열정은 진상 환자 단 한 명에 무너지기도, 혹은 선후배와 동료들 이야기 사이에 쏟아지는 간접경험만으로도 바뀔 수 있지만, 타인의 고통을 접하고 그것을 해결해 주어야 하는 의료인의 입장에서 우리가 처음 가졌던 순수한 열정도 하나의 자산이 되지는 않을까. 비현실적이고 과도한 친절로 뻔히 예상되는 경제적인 어려움을 감수할 필요는 없겠지만 말이다. 어쩌다 겪은 인생의 단편만을 보고 '역시 다 마찬가지야, 잘해줄 필요 없어'하며 나 역시 진상 의사가 되어가는 중은 아닐지 한번 생각해 볼 만한 문제 같다. 잘해준 적도 없으면서!

1 호주여행같이 간 친구와 하루는 각자 따로 돌아다니기로 했는데, 새벽까지 연락이 안돼 뜬 눈으로 밤을 샜다.

왜
안오지?
큰일이네

2 결국 새벽에 멀쩡히 돌아온 친구... 답답한 마음에 좀 다그치기도 했지만

책

야! 너

미안해요
형

아니...

...그래
재밌었어?

3 헤맹게 무슨 일이 있었는지 신이 나서 뽐내길래
"그래 재밌었음 됐지" 하고 끝냈어...

어 그래

비!! 어디
칵테일 바에 갔는데
완전 분위기도 좋고요

일본인 부부랑
말을 트게됐는데
여기서 멸달
지내면서
너무 좋다고 하
더라고요 진짜

4 걱정과 분노가 얼마나 바보같은 감정인지 그때 알았다.
잘 구별해서 대처해야 해.

하고 싶다는거
결국 했네
ㅋㅋ

헤어진여랑
놀고싶다터니

에휴

146

청진기는 필요 없어요

#제너럴닥터   #아이디어   #에피소드

　한 10년 전엔가, 홍대 앞 공원이 내려다보이는 위치에 카페
가 하나 있었다. 커피 맛도 잘 모르고 홍대 앞에 굳이 갈 일도
없었지만, 그냥 그 공간을 한번 경험해 보고 싶어서 들렀다. 한
겨울, 약간 붉은 듯 노오란 색이 돌아 따뜻한 느낌이 나는 어두
운 조명 아래 이게 인테리어를 한 건지 안 한 건지 얼핏 보아서
는 구분도 할 수 없어 더 정감이 가던 그 카페는 다름 아닌 병
원이었다. 나는 사람으로 북적이던 그 카페에서 주력 메뉴라는
레어치즈케이크와 핸드드립 커피를 한 잔 시켜 마시며 함께 간
친구와 이야기를 나눴다.

　그 병원, 아니 카페, 아니 그 병원 겸 카페는 2010년 KBS

2TV 감성다큐 미지수라는 다큐멘터리 '마음을 읽는 청진기'편에서도 소개가 되었는데, BGM으로 깔린 옥상달빛의 노래와 찰떡으로 맞아떨어지는 분위기가 나에겐 정말 인상 깊었다. 원래 다니던 사범대학을 그만두고 다시 수능을 준비할 때 나에게 '의사, 치과의사, 한의사' 셋 중 하나는 되어야겠다고 마음을 먹게 한 것도 그들이었다. 먼 미래에 언젠가는 그 병원 겸 카페 〈제너럴 닥터〉처럼 환자와 의사가 인간적이고 지속적인 관계를 맺을 수 있는 곳을 만들고 싶었다. 이제는 그런 일이 불가능한 일처럼 보이지만 말이다. 제너럴 닥터 의원도 한국의 의료현실과는 맞지 않았는지 내분으로 다투기도 하고 다양한 변화를 겪다가 흔적도 없이 사라지고 말았다. 내 추억의 장소가 사라졌다는 소식을 듣고는 한동안 마음이 아팠다.

내가 〈제너럴 닥터〉에 애정과 관심을 갖게 된 건 특히 그런 아이디어를 내고 주도적으로 개원을 이끈 김승범 원장님의 공중보건의사 시절 이야기 때문이었다. 선생님께서는 청진기를 무서워하는 어린아이들을 위해 귀여운 인형 안에 청진기를 넣어놓고 어린이에게 꼭 안겨주었는데, 그런 기발하고 따뜻한 문제해결 능력이 나에게 많은 영감을 주었다. 나에겐 청진기도 필요 없고 이제는 〈제너럴 닥터〉마저 없어졌지만, 나는 그분들의 다큐멘터리를 지금도 가끔 틀어보곤 한다. 이제 직접 〈제너럴 닥터〉 같은 병원을 운영하고 싶은 마음은 없긴 한데 그들처럼 '진심으로 환자를 먼저 생각해 보는' 초심은 꼭 지키고 싶어서.

환자를 먼저 생각한다는 건 뭘까? 반대로 환자 생각을 안 하는 경우를 예로 들어봐야겠다. 나는 한 번씩 여드름이 크게 날 때마다 피부과에 들르는데, 일부러 여러 피부과를 다녀 보면 병원마다 분명한 차이를 발견하게 된다. 대기실의 인테리어, 세안하는 곳의 위치, 직원들의 안내, 피부관리실의 침대 배치, 냉난방 온도, 그리고 약품을 적용하는 손길까지. 여러 위치의 다양한 병원을 방문해 봤고 다들 좋았지만 한 군데 최악이었던 곳은 여드름 관리를 위해 스펀지에 묻혀 사용하는 산성 약품을 내안각 부위에서 짜 누르던 피부과였다. 눈 사이로 용액이 스며들어 굉장히 따가웠는데 별다른 사과도 받지 못했다. 그걸 눈에다 누르면 안 된다는 걸 전혀 생각해 보지 않아 일어난 일이겠지. 나라고 환자에게 실수하지 말란 법이 없으니 언젠가 한 번은 분명 실수할 것이다. 근데 그 실수가 병원으로선 아무리 확률이 낮고 백 번 중의 한 번이더라도 당한 환자 입장에선 그렇지가 않다는 게 문제다. 환자로서는 한 번 중의 한 번, 100% 확률의 실수가 되어 그분에게는 그게 바로 병원의 실력이 되어버리니까. 그래서 환자를 진심으로 생각한다는 건 환자를 위하는 일이기도 하지만 병원을 위하는 일이기도 하다.

그날 그 병원은 실수를 덮기 위해서 그랬는지 어쨌는지, 관리를 마치고 나온 나를 향해 갑자기 말도 안 되는 트집을 잡았다. 내가 오늘 늦었고 저번에도 늦었으니 다음번엔 늦지 말라고. 나는 화가 날 뻔했지만, 꾹 참고 말했다. 다른 사람하고 착각한 거 아니냐고. 오늘 앞 타임 환자가 노쇼해서 시간이 비니 조금 일찍 와줄 수 없냐는 전화받고 온 거라고 말이다. 게다가 난 항상 15분씩 일찍 가서 내 차례를 기다렸다. 친구가 내 이야기를 듣더니 내가 노쇼한 그 사람인 줄 알고 일부러 눈에다 짜넣은 게 아니냐고 할 정도로 좀 이상한 곳이었다. 그 병원엔 정신 나간 직원이 한둘이 아니었다. 그 병원을 가본 후로 인테리어가 어떻고 원장 경력이 얼마나 화려한가와는 상관없이 역시 병원의 기본은 '환자에 대한 마음 씀씀이'라는 생각을 하게 됐다. '반면교사'라는 말은 이럴 때 쓰라고 만들었나 봐.

책상 위에 3년째 계속 작성 중인 아이디어 노트가 있다. 아무리 사소한 생각이더라도 써놓지 않으면 금방 까먹게 돼서 쓰기 시작한 것이 꽤 많이 늘어났다. 이제 와 다시 보고 생각해보면 별로 좋아 보이지 않는 생각도 많이 적어놨지만, 그래도 여전히 내 치과를 가졌을 때 적용해보고 싶은 아이디어들도 있다. 먼 미래의 일을 상상하며 미리 준비하는 건 어쩔 땐 굉장히 스트레스받는 일이기도 하지만 반대로 또 즐거운 일이기도 하다. 막연히 내가 어디로 가는 중인지 생각하지 않고 되는 대로 사는 것도 신나는 일이긴 한데, 확실한 목표를 갖고 하나씩 차근차근 이뤄가며 사는 것도 재미있지 않을까? 노트에 적는 것들은 대부분 환자들이 병원에서 '좋은 경험'을 갖고 돌아갔으면 하는 마음으로 해낸 생각들이다. 서비스적인 부분을 담은 내용도 있지만, 그렇지 않은 것들도 많다. 예쁜 소품이나 좋은 제품들을 적어놓은 페이지도 많고. 다녀간 사람들의 좋은 기억이 쌓이면 좋은 병원이 되겠지! 물론 그 반대도 가능하고.

인삼뿌리

#말하기   #보건소   #에피소드

구강앞안면, 구강과안면, 구강 아간면... 치과 전문과목 중 하나인 〈구강악안면외과〉를 부를 때 다양한 발음을 만난다. 그래도 '구강'과 '안면'이라는 한자어는 사람들이 좀 알아듣기 쉬운 것 같지만, 그 사이 '악'이라는 한자가 많이들 생소한 것 같다. 보통 '악'이라고 하면 '악마'할 때 '악할 악(惡)'자를 떠올리지

'턱 악(顎)'한자를 떠올리는 것은 일반적으로 결코 쉬운 일이 아니기 때문에, 과목명 발음에 '악'이 들어갈 거라는 건 상상조차

어려운 일이겠지. 기존 〈구강악안면방사선과〉는 이런 문제점과 함께 '방사선'이라는 단어가 주는 불필요한 오해를 피하고자 〈영상치의학과〉라는 이름으로 바꿔 부르게 되었다.

나도 치과에서 교정치료를 받고 있다. 근데 치과에다 내가 치과의사라는 것을 한 번도 밝히지 않았는데 결국에는 실수를 하고 말았다. 나도 모르게 치과 용어를 써버리고야 만 것이다... 아니 ㅠㅠ 어떻게 된 거냐면,

치과위생사님 : "환자분 오늘 진료 끝났고요, 고무줄 새로 드릴 건데 어디다 끼우는 건지 알고 계시죠?"

나 : "네~"

치과위생사님 : "어딘지 한 번 짚어보시겠어요?"

나 : "여기..."

하고 짚으려는데 너무 입 안쪽이라 손가락을 넣기가 싫어서 안 짚어진다. 순간 답답해가지고 36번이랑 여기 크림퍼ㅂ... 이요"라고 말을 해버렸다. 휴 아마 유난 떠는 사람으로 보였겠지? 차라리 나 치과 공보의라고 초장부터 알려줬으면 그냥 편하게 말했을 텐데. 누가 치아 이름 좀 쉬운 말로 딱 정해주면 좋겠다. 아니면 번호로 부르는 걸 당연하게끔 해주던가!

의학용어가 대부분 그렇듯이, 치과에도 일반적으로는 알아듣기 쉽지 않을만한 단어들이 꽤 많다. 그래서 치과대학을 졸업하고 학교 밖을 나서면 이제 그런 용어들을 새로 일반적인 말들로 바꾸는 연습을 해야 한다. 앞에서처럼 치아를 가리키는 말도 여러모로 혼란스러운데, 사실 치과의사나 치과위생사 정도 되지 않으면 치아 이름을 다 알지도 못하는 것 같다. 송곳니 뒤에 있는 치아 이름을 아는 사람이 얼마나 있을까? 나도 치대오기 전에는 몰랐던 것 같다.

나는 진료 상담을 할 때 거울을 자주 사용한다. 치아를 어떤 식으로든 이름을 붙여 부르는 대신, 직접 눈으로 확인하고 환자에게 "이 치아 맞으세요?"하고 되묻는 습관이 생겼다. 어느 치아가 문제인지 모르실 때도 치료를 시작하기 전에 "검사해보니까 이 치아를 아파하시는데, 이 치아 치료해드릴게요"하고 거울로 짚어드린다.

사실 이제는 대중화되었다고 생각하는 '임플란트'도 '인플란트'로 알고 계신 분들이 많다. 농촌 마을에서 할머니 할아버지들 진료를 도와드리다 보면 가끔 알아듣기 어려운 말을 하시는데, 몇 번 되묻고 대충 때려 맞추면 "어~어~ 그건가"하고 수긍을 하시기도 한다. 그 어르신은 아마 '임뿌리'같이 들리는 발음을 얼버무리셨던 것 같다. 내가 인삼뿌리 드셨다고 하시는 줄 알고 되물어봤었나?

환자분들과 커뮤니케이션을 잘 하기 위해서 기본적으로 지켜야 하는 건 '환자가 알아들을 수 있는 말'로 말하는 것이다. 그리고 재차 확인해 보아야 하는 것 같다. 다 좋다는 식으로 "알겠다. 알겠다. 알아서 해달라"하시고도 나중에 왜 이렇게 해놨냐고 따지시는 분들도 있어서 그런 습관이 하나씩 생기나 보다. 알아서 해달라고 하면 참 곤란하다. 반대로 내가 내 맘대로 임뿌리를 인삼뿌리로 알아듣고 그냥 넘겼더라면 제대로 된 진료를 해드릴 수 없었겠지, 잇몸 상태 보고 괜찮다고 돌려보냈을지도 모르겠다.

임플란트처럼 대체할 만한 단어가 없는 경우에는 어쩔 수 없기는 한데, 흔히 '신경치료'라는 말이 잘못된 말인데도 환자들이 그렇게 알고 있기 때문에 치과의사들도 그냥 '신경치료'라고 말을 하듯이 환자가 아는 단어로 바꿔 말하는 게 필요한 것 같다. 앞서 이야기한 〈구강악안면〉이라는 단어도 치의학적 분류로는 타당하고 좋은 말이지만, 환자들이 더 쉽게 알아들을 수 있는 말로 바꾸면 어떨까 하는 개인적인 생각도 든다.

"PA 확인해 보니 인접면 우식이 덴틴까지 진행이 된 건 확실하고요, 메지알 루트 에이펙스에 병소도 있어서 오늘 엔도 들어가셔야 할 것 같아요. 근관 석회화가 많이 돼서 네고가 어려워 보이는데 오늘 주근관은 MAF까지 잡을 생각이라 시간이 좀 걸릴 수 있습니다."

환자에게 이런 식으로 말하는 치과의사는 없겠지만, 우리끼리는 쉽게 알아들을 말이기는 하다. 근데 굳이 굳이 환자한테까지 알아듣기 어려운 말을 쓰려고 하는 사람도 가끔 있는 것 같기는 하다. 치과의사들끼리 정확한 의사소통을 위해서 덧붙이는 구체적인 지칭은 사실 환자와의 대화에선 불필요한 부분도 있다. 그런 부분들을 걷어내고, 일상적인 단어로 문장을 바꾸는 게 아무래도 좋겠지.

"사진을 보니까 치아 사이 썩은 것 때문에 뿌리에 염증이 생겼어요. 오늘 신경치료 진행할 건데 신경관이 많이 좁아진 상태라 시간이 오래 걸릴 수 있습니다."

엄마 나 교정시켜주면 안 돼?

#이해하기   #지식인   #치아교정

치과 이야기 중에 사람들이 가장 관심을 많이 가지는 것은 아무래도 '치아교정'과 관련된 이야기인 것 같다. 부정교합은 아무래도 치과적인 문제 중에 외모로 가장 많이 보이는 부분이라 그렇다. 성장기 부정교합은 자칫 자신감 상실로 이어지기 쉽고 그래서 콤플렉스 남는 경우가 많은데, 치과의사로서 나도 그런 부분을 잘 알고 환자와의 대화에 사려 깊게 임해야 한다는 생각을 한다.

치아가 나는 시기 차이 때문에 윗니 중에 송곳니가 덧니로 많이 나고, 사실 나도 같은 덧니가 있었다. 그 덧니 때문에 교정치료를 시작했지. 서른 살이 넘어서 교정을 시작했으니 사실 교정치료 받기에 최고로 적당한 시기는 아니긴 했지만, 덧니뿐만 아니라 아래 앞니가 윗니보다 앞으로 튀어나온 III급 부정교합도 있었던 터라 고른 치열을 갖기 위해 치아교정을 시작했다. 치아 신경 쓰지 않고 자연스럽게 웃을 수 있다는 게 얼마나 마음이 편안~한지 몰라.

치과대학 학생들도 치아교정을 많이 한다. 간혹 가면 무슨 안과의사는 라식 라섹을 안 받는다, 치과의사는 신경치료 안 받는다 이런 말들이 많은데 으으음~ 저언혀~ 이건 비밀인데 내가 아는 치과의사 중에 악교정수술(양악수술, 편악수술) 받은 애들만 해도 최소 4명이 넘는다(속닥속닥). 양악수술 받으면 치아교정도 받아야 하니까, 치아교정치료 받은 애들은 훨씬 많다. 대부분 나처럼 늦게 받기보다는 대학생 때 받긴 했지만. 신경치료야 이 썩으면 당연히 받는 거고.

사실 나도 교정치료를 빨리 받고 싶었는데, 그게 여유가 안 돼서 못 받다가 돈을 벌면서 받게 된 이유가 크다. 요즘 나 같은 사람이 많다. 그래서 교정치료를 받고 싶어 하는 학생들의 마음도, 그걸 말리는 부모님의 마음도 다 깊이 공감이 된다.

한번은 네이버 지식iN에 중학교 3학년 여학생이 자기 치아

배열 상태를 그림으로 그려 가며 구구절절 교정치료를 받고 싶은 이유에 대한 사연을 올려 답변해 준 적이 있다. 결과적으로 그 학생이 원하는 대답을 해주지는 못했다. 아마 교정치료를 최대한 빨리 받으라는 대답을 받아 부모님께 어필하고 싶은 마음이었겠지만... 애석해라, 선생님이 미안해. 그래도 최대한 기분 안 상하게 구슬려서 답변을 달아줬더니 학생이 '채택'도 해주고 '최고예요' 딱지도 붙여줘서 다행이다.

치아를 직접 그리신 건가요? 그림을 정말 잘 그리시네요 한눈에 봐도 어떤 상태인지 가늠이 될 만큼 자세하게 그려주셔서 감탄했습니다.

제가 하나 조언을 드리고 싶은 것은 부모님 말씀을 일단은 들어주시는 게 좋을 것 같다는 것이에요. 물론 질문자분께서 콤플렉스가 심하시고 어서 교정받고 싶어 하는 건 이해를 합니다.
저도 앞니가 반대로 물리고 위 송곳니는 덧니로 나서 보기가 좋지 않았는데요, 저는 서른 살이 되어서야 교정을 시작했거든요. 치과의사인데도 말이에요.

교정을 시작하고 보니, 정말 아플 때는 계란말이 하나, 빵 한 조각도 못 씹을 정도로 치아가 아파서 고생을 했어요. 그리고 제가 치과의사이니 망정이지, 양치질도 얼마나 힘이 든지 몰라요. 양치하는 데에도 시간이 정말 많이 걸리거든요. 교정용 철사 사이사이에 낀 음식물들을 다 빼내는 수고를, 질문자님도 지금에야 기꺼이 감수할 수 있다는 마음가짐이 드시겠지만, 그게 처음처럼 잘 안 지켜집니다. ㅎㅎ 아시죠?

제가 치과대학에 처음 입학했을 때, 이에 교정기를 끼고 있는 여자 학우들이 정말 많았어요. 고3 수능 보고 입시 끝나면 시작 많이 하는 것 같아요. 고1에 하거나, 고3에 하거나 사실 엄청 크게 달라지는 부분은 없거든요.

생각보다 성인이 되어서 교정을 시작하시는 분들이 많아요. 부모님이 여러 사정으로 못해주고, 본인도 시간이 지나며 잊었다가, 막상 대학을 졸업하고 사회에 나와 돈을 벌어보니 교정을 하고 싶어져서 찾아오시는 분들이라고 해요. 저부터도 그랬고요. 치과의사가 되기까지 대학을 다니는 동안에도 교정을 하지 못하다가, 졸업하고 나서 치과의사가 되어서야 교정을 하게 됐어요.

부모님이 교정을 지금 당장 해주지 않는다고 해서 원망하지는 마셨으면 하는 바람으로 적어드렸습니다. 치과의사로서 의학적 조언이 아니라, 먼저 교정을 경험해본 선배 입장에서 조언을 드린 것이니 의학적인 판단은 배제하고 읽어주시면 감사하겠습니다 :-)

아무쪼록 건강하게 잘 지내시고, 스트레스 너무 많이 받지 마시고요. 양치질 꼭!! 꼭!! 사이사이 신경 써가면서 하시고 충치 안 생기게 조절 잘하셨다가, 대학교 오기 전에, 꾸미면 가장 예쁠 나이에 교정하셔도 좋을 것 같아요!

아 물론, 모두가 다 그 시기에 교정을 받아야 한다는 건 절대로 아니다. 어린 아동기에 교정을 시작해야 하는 경우도 분명 있고, 의외로 많다. 발음과 식이에 문제가 있거나, 구강 악습관이 있거나, 골격적인 문제로 인해 부정교합이 나타날 때에는 성인이 된 뒤에 악교정수술을 받는 것보다 어릴 때 교정치료로 해결하려는 시도가 훨씬 좋을 수도 있으니까. 그리고 아예 나처럼 덧니로 이가 나지 않도록 예방해 주는 장치들도 있고 말이야. 나는 단지 글에 나타난 저 학생의 개별적이고 특수한 상황에 맞는 내 생각을 이야기했을 뿐이다. 실제 지식iN 답변에 적었듯이 '의학적인 조언'은 아니었다.

부정교합이 있다고 해서 반드시 치아교정을 받아야 하는 건 아니다. 불편한 점도 불만도 없다면 그냥 갖고 가는 것도 좋다. 그게 그 사람의 트레이드마크가 될지도 모르지. 어떤 유튜버는 벌어진 앞니 때문에 '들쥐'라는 별명을 얻어 놀림감이 되곤 하지만, 그게 또 소위 킹받는 콘텐츠의 원동력이 되어 많은 팬들의 사랑을 받고 있다. 그분의 속마음을 알 수는 없겠지만 그게 그렇게 큰 스트레스가 아니라면 굳이 교정 안 해도 되지 않나?

치과의사들 직업병인지 그냥 저만 그런 것인지는 모르
겠지만, 드라마나 예능 프로그램을 보다 보면 유난히
하얗고 매끈한 치아를 가진 연예인들이 눈에 확 띄더라
고요. 예뻐서 그런 게 아니라, 부자연스럽다고 느끼는
것 같아요. 사실 일반인과 치과의사 사이에서 '미의 기
준'이 다른 경우를 종종 접합니다. 치과의사는 '희고 매
끈한 치아'를 비심미적이라고 해요. 자연 치아와 전혀
다른 인공적인 느낌이 나니까요. 근데 연예인들도 그런
자기 자신의 치아에 콤플렉스를 가진 경우도 있다고 하
더라고요. 아무래도 밝은 조명 앞에 서서 촬영한 TV 영
상과, 자연광 아래에서의 치아 색이 완전히 달라 보이
기 때문일 거라 생각합니다. 흰 치아보다는 약간 누런
게 더 예뻐요. 😍

1 전문용어로 「6전치」라 부르는 앞니들은, 이를테면 관광지 「포토존」같다.

2 각자 생김새도 다르고 유행도 타지만 어쨌든 좀 더럽고 비위생적이면 사진찍기가 좀 그렇지.

찍어봐~

꼬질꼬질 8~

50원 50원

3 어떤 사람들은 직업적으로 고른 치열을 선호하기도 하고, 또는 자기만족을위해 교정을하지만,

겁나 아퍼요...

4 언제나 가장 중요한 것은 청결과 위생이다.

교정기간 동안 충치, 잇몸염증 조심해요 !!

164

고정기에음식물다끼어서
찝찝하고빵조각도못씹고
앞니로뭐못베어물고철사
에입안다찢어져서매운거
먹으면따갑고이아픈느낌
대문에 계속 신경 쓰이고
고무줄끼 가더아프고
이걸일년 삼년동안
하고있 미쳤다
KDA

성가시지만 지켜야 하는 것

#아르바이트   #에피소드   #규칙

아르바이트로 다양한 일을 해봤다. 해태음료 공장 일용직으로 밤을 새우기도 하고, 삼성 디스플레이에서도 일해보고, 뭘 자잘하게 많이 했는데 가장 먼저는 고3 졸업을 앞두고 몇 달 동안 대형마트에서 주차안내 아르바이트를 했었지. 라떼는 마스크 쓰고 일한다는 건 상상조차 할 수 없어서 일을 마치고 집에 돌아와 휴지에 물을 묻혀 말아 코를 후비면 검은 매연이 잔뜩 붙어 나오곤 했다. 디젤 매연의 매캐한 냄새를 맡다 보면 머리가 지끈거릴 정도였는데 2시간 일하고 잠깐 주차장 구석에 딸린 문을 열면 나오는 작은 창고 같은 우리 사무실이 그래도 포근한 피난처가 되어주었다. 근데 다 쉬고 나서 다시 그 피난처를 나올 때는 꼭 거쳐야 하는 의식 같은 것이 있었는데, 그 이야기를 좀 해볼까.

 출근할 때나 잠깐 쉬고 다시 근무교대를 하러 나갈 때면 매
번 출입문 옆에 붙은 거울로 용모를 바르게 하고 그 옆에 있는
서비스 헌장 같은 걸 읽고 근무에 투입되었는데, 그때는 그걸
읽는 게 왜 그렇게 싫고 창피했는지, 좀 오글거리고 누가 이걸
지키기는 하나 싶은 마음이었던 것 같다. 대충 뭐 항상 웃고 고
객의 질문에 부정어로 답변하지 않고 어쩌고 하는 말이었던 것
같다. 지금도 백화점 개점시간에 들어가면 방송으로 특정 멘트
를 선창하고 직원들이 그걸 복창하는 장면을 볼 수 있는데, 주
차안내 알바도 역시 똑같은 것이었다.

 일한 지 두어 달쯤 됐을 땐 내 후임으로 대학교 친구 사이 누
나 두 명이 주차안내를 하러 들어왔는데, 내가 누나들 교육을
하루 맡게 됐었다. 나는 좋은 마음으로 몇 달 먼저 일하면서 알
게 된 꿀팁 위주로 인수인계를 도와줬는데, 그랬더니 누나들이
이 일을 얕잡아보고 대충대충 근무시간에 구석에서 쉬거나 손
동작을 아무렇게나 하고 "안쪽으로 모시겠습니다!"하는 고정
멘트도 하는 둥 마는 둥 했다. 그리고 그게 주임한테 걸려선 인
수인계해 준 내가 혼이 났다. 그래서 그때 알았다. '규칙'이 먼
저구나. 사람은 규칙을 몇 개 무시해도 된다고 하면 전부 다 무

시하고 싶어진다.

한번은 교재를 주문받아 특정 영어학원에다 배송하는 물류 센터에서 아르바이트한 적이 있다. 꽤 크고 전국에 여러 지점이 있는 학원이라 신입 원생들도 자주 들어왔는지 교재 주문이 매일매일 있었다. 주문이 들어오면 주문서를 보고 창고 안에 파레트채로 쌓여있는 해당 교재를 찾아 구루마에 하나씩 실은 뒤에, 교재별로 박스 포장을 해서 트럭에 상차까지 해주면 됐다. 각각의 박스에 어떤 교재 몇 권이 들어있는지 표기해야 하는데, 나에게 인수인계를 해준 상사분께서

"무슨 책인지 알 수 있게 그냥 마음대로 이렇게 쓰면 돼"

하고 박스 하나에 글씨를 쓰며 말씀을 하셨고 나는 진짜 '마음대로' 적었다. 그리고 예상했겠지만 거기서 문제가 생겼다. 트럭에 교재를 싣고 가 직접 학원에 배달하는 직원분은 예를 들면 〈Reading king〉이라는 교재는 〈R.K.〉로 영어 약자로 적은 표기만 봐오셨는데, 내가 새로 들어와서는 갑자기 〈읽기왕〉이라고 적으니 그게 눈에 안 띄어서 배달 시간이 오래 걸린 것이다. 배달 갔다가 씩씩대며 돌아오셔서는 누가 장난쳤냐고 막 화를 내셔서 놀랐다. 아니 나는 몰랐지~

쓸데없어 보이고 사소한 것이라도 규칙은 다 나름의 이유가 있더라. 부당한 규칙이 아니라면 번거로워도 지켜야 한다. 참 성가신 일이긴 하지만.

저는 정말로 담배 개비를 손에 쥐어본 적도 없어요. 편
의점 아르바이트할 때 손님들이 주문한 담배를 못 찾아
서 많이 혼도 나고 했었는데ㅎㅎ 이젠 다 추억이네요.
치과의사로서 손에 담배 냄새 밸 일도 없으니 다행이
죠?

1 양치질 없이 가글만 해도 되는지 궁금한 분들이 많다.

판애량 1위 모르나

박보영 모르나

2 당연히 안되지!

칫솔질을 안한다고요?

NO

3 살기지 한다면서 수세미없이 세제 물만 헹구는 거랑 같다.

엥

다 닦았다!

4 찌꺼기는 남아서 썩고 잇몸염증 + 치석도 쌓이니까 꼭 물리적으로 닦아줘야한다!

아니 나한테 음식을 담아먹는다고?

감동 실화냐

쉬어 가기

그냥 뽑아주세요

교도소에서 치과 치료를 하다 보니 유난히 치아를 "뽑아달라"라는 요구가 눈에 띄게 많게 느껴졌다. 그런 사람들은 마치 '뽑는 것' 외에 다른 선택지는 처음부터 생각조차 하지 않는 것 같다. 보통은 이를 뽑는 것에 대한 공포와 거부감이 대단히 큰데도 '될 수 있으면 살려 오래 쓰고 싶은' 마음보다 '얼른 빼버리고 싶은' 욕구가 더 큰 이유는 무엇일까? 보통은 '치아를 뽑아야 할까 봐' 걱정이기 마련인데, 그것보다 더 큰 걱정거리가 있는 걸까?

치과 진료를 요청하는 각각의 수용자별로 어떤 범죄를 저지르고 교도소에 온 건지 그리고 영치금은 얼마나 있는지 일일이 알아본 것은 아니라 정확하지는 않지만, 짐작하기로는 생계형 범죄를 저지른 저소득층 재소자, 또는 가족이 없거나 다양한 이유로 영치금이 부족한 재소자들이 발치를 우선적으로 원하는 게 아닐까 생각을 해본다. 돈이 없어 보철치료를 받기는 어려운데 발치 비용은 상대적으로 저렴하니(특히 교도소 내에서 공보의가 이를 뽑으면 무료이기 때문에) 단지 '즉각적인 통증 해소'를 위해서 발치를 요구하게 되는 것 같다. 나는 "적절히 치료를 받으면 좀 더 쓸 수 있으니 지금 뽑아버리기에는 너무 아깝다"라고 하며 매주 수요일마다 교도소에 출장 오시는 외부 치과 원장님께 진료를 받아보라고 권했지만, 먼저 '뽑아달라'고 요구한 재소자들은 결코 그 고집을 꺾는 법이 없었다.

연구논문에 따르면, 소득수준과 입안에 남아있는 치아 개수 간에는 아주 강한 상관관계가 있다고 한다.* 소득수준이 낮을수록 치아 개수도 적다는 뜻이다. 또 저소득층일수록 보존치료(치아를 뽑지 않고 떼우는 치료)에 대한 지출이 감소하고 틀니치료에 대한 지출이 눈에 띄게 늘어나는 경향이 있다고도 한다. 1분위 저소득층의 임플란트 지출은 감소하는 추세인데, 1분위가 임플란트와 보존치료 대신 틀니치료를 선택한 결과로 볼 수 있다.

이것은 비단 교도소 재소자들만의 문제가 아니다. 돈이 없어 제때 적절한 치료를 받지 못하는 사람들은 교도소 바깥에 더 많다. 성인뿐만 아니라 어린아이들도 그럴 것이다. 대부분의 소년·소녀 가장에게 치과 치료를 받을 경제적인 여유가 있을까? 그 아이들이 치아교정치료를 꿈에라도 생각을 해보았을까? 그렇지 않을 것이다. 정책 성과를 위해 무작정 보험화시킨 뒤에 뒷감당이 안 돼 뒤늦게 보험적용 기준을 불합리한 방식으로 다시 한번 탁상에서 땜질하는 예가 심심찮게 보이는데, 정말 국민 건강에 도움이 되는 정책 방향을 좀 더 고민해야 할 것 같다. 다행히 치과계 내부에서도 요즘 치과 건강보험 보장성이 좋은 방향으로 가고 있다는 환영의 목소리가 크다. 치과의사협회에서 정부를 상대로 꾸준히 설득하고 적절한 보험항목에 관해 설명한 결과이고, 각종 관계기관에서 치과계의 어려움을 공감해 준 것이기도 하다.

사실 환자들이 치과치료비가 비싸다고 느끼는 데에는 '낮은 건강보험 보장성'이 가장 큰 요인인 것 같다. 그래서 요즘은 국가가 보장해 주지 않는 치과치료비를 민간보험 기업에서 보장해 주는 보험상품들이 굉장히 많이 출시되고 있기도 하고 환자들도 그런 상품들을 적극적으로 이용하는 추세로

---

* 김선이 외, 중장년층과 노년층에 따른 소득수준과 현존치아 수의 관련성 차이, 대한구강보건학회지 2016 March 40(1):9-16 / 김혜성 외, 가계 소득수준과 치과의료서비스 지출 경향, 대한구강보건학회지 2014 March 38(1):17-24)

변해가는 것 같다. 국가가 건강보험으로 보장하지 않는 치과 치료에 대해 민간보험사가 그것을 보완해 주는 것은 민간 사보험의 대표적인 순기능이라고 말할 수 있겠지만, 보험가입자가 보험회사에 납부하는 보험료 대비 보험상품이 보장하는 치과 치료금액이 협소하다는 지적이 있어 치과의사의 62%는 민간 치과보험 가입을 추천하지 않는다는 치과의료정책연구원 연구결과(2015년 이슈리포트 제5호)도 있다. 사실 민간보험 가입자 비율은 소득이 많고 적음에 따른 유의미한 차이가 없으며 민간보험 가입자의 의료이용률 차이에도 소득 계층 간 격차가 없어 민간보험의 혜택이 소득 상위 계층에만 집중될 것이라는 세간의 우려가 사실이 아님을 밝히기는 했지만(KDI정책포럼 제204호(2008-16), 윤희숙 KDI 부연구위원), 민간보험은 국민건강보험과 달리 보험료 산정에 소득수준은 반영되지 않기에 '소득재분배' 효과는 한계가 분명하다. 다행히 고가진료에 속하는 임플란트에 대한 국민건강보험 보장성이 계속해서 강화되면서 저소득층의 임플란트 이용률이 획기적으로 증가하고 있으며 틀니 대신 임플란트를 선택할 수 있게 되면서 치과의료 접근성 향상에 크게 이바지하고 있는 것으로 나타나기는 했다. (2021년 이슈리포트 제33호)

그렇다고 하더라도 임플란트는 어찌 되었든 간에 기존 치아를 뽑아야 하는 시술이므로, 그렇게 되기 전에 치아를 보존하는 '신경치료'의 건강보험 보장성을 강화하는 것이 선행되어야 하는 과제이다. 신경치료는 사실 그동안 의료기술이 발달하고 치료재료가 좋아지면서 높아진 기구 값을 건강보험에서 보전해주지 못하는 문제가 생겨났는데, 이 부분에 대해서 치과의사협회가 지속적으로 문제를 제기하여 신경치료 보장성이 조금 개선되는 성과가 나기도 했다. 사실 그동안 신경치료는 하면 할수록 치과에 손해가 나는 구조여서 만약에 환자가 신경치료만 받고 크라운을 씌우지 않으면 그 손실을 치과에서 모두 떠안아야 했는데, 올해 조금이나마 개선되어 숨통이 조금은 트였다는 이야기가 많다. 순진한 한국 치과의사들은 손해를 보면서도 '신경치료만' 받으러 온 환자마저 정성껏 진료해 준다. 신경치료만 나한테

받고 크라운은 친척 치과에 가서 받겠다면서 시골 무면허 불법 야매 보철을 받으러 간다는 것쯤은 눈치껏 모른 체 해주기도 한다(근데 아무리 그래도 야매 보철에 문제가 생기면 다시 돌아와 치과에 따지는 건 못 참지).

주변 동료들뿐만 아니라 치과의사들 대부분은 한결같이 돈이 안 되는 신경 치료마저도 더 잘하고 싶은 마음에 사비를 들여 강의를 들으러 다니고 어떻게 하는 것이 환자를 더 위하는 길인지 끊임없이 고민하고 있다. 세계 유수 대학에서 나온 연구결과를 찾아 읽고 더 좋은 재료를 사들여가며 효과적인 술식을 배우는 것에 주말을 기꺼이 바친다. 질 좋은 진료를 환자가 부담 없이 받을 수 있도록 의료보험 보장성을 강화하는 것이 중요한 것처럼, 의사로서 환자에게 꼭 필요한 특정 시술에 회의감을 느끼지 않게끔 국가에서 가격을 합리적으로 관리하는 것도 꼭 필요한 일이라는 생각이 함께 든다.

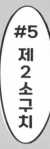

당신의 이웃 가족

앞서 이야기했듯이 한쪽에 두 개씩 나는 소구치는
교정적 필요에 의해 뽑는 경우가 있기는 하지만,
둘 다 뽑지는 않아요. 꼭 하나는 남겨놓거든요.
마찬가지로 만약 제가 가진 것 중에
꼭 하나만 남겨놓아야 한다면,
그건 바로 가족이 아닐까 해요.

지금 누군가에겐 현재진행형

#엄마아빠   #롱곡   #현재진행형

겉감이 다 헤져 새로 수선한 가죽 소파 위, 동트기 전 푸르스름한 공기 사이로 검은 실루엣 하나가 흐느껴 울고 있다. 안방엔 엄마도 아빠도 없다. 나는 무거운 잠기운을 헤집으며 소파로 간다.

"엄마 울어? 왜 울어?"

슬픈 영화를 봤겠거니 장난기 어린 말투로 엄마를 귀찮게 한 그날은 아버지가 20년간 몸담은 삼성에서 명예퇴직한 날이었다. 대한민국 외환위기의 기억은 나에게 '엄마의 눈물'이다. 그때 엄마 나이에 가까워져 보니, 그다지 어른도 아니었을 엄마가 얼마나 많은 생각에 짓눌려 무서웠을지 짐작이 간다. 생계를 책임지던 가장이 직장을 잃었다. 초등학생 두 아들은 십여 년은 더 품어야 성인이 될 나이인데. 아파트 융자는 어떻게 하지, 애들 학원비는 어쩌고, 대학은 무슨 돈으로 보내지, 주변엔 뭐라고 하지? 엄마(외할머니)한텐 일단 비밀로 할까. ㅡ 그 어떤 슬픈 영화보다 더 아팠을 수많은 고민에 눈물이 흐르지 않고 배길 수 있을까?

학교에서 우리 아빠는 항상 자랑거리였다. 초등학교 저학년이었던 나는 삼성이 뭐가 얼마나 큰 회사인지도 몰라서, 그냥 '노트북 만드는 회사'라고 하고 다녔다. 초등학교 친구들한테도 우리 아빠 노트북 만든다고 했다. 나중에 알고 보니 그게 아니라 삼성전관(現 삼성SDI) 품질관리(QC) 과장이셨는데 본의 아니게 거짓말을 하고 다녔네. 노트북뿐만이 아니라 언제는 새로 나온 Anycall 휴대전화기를 여러 대 집에 가져와 핸드폰 만드는 줄 알았고, 그 당시 고오급 자동차였던 SM525V 같은 것도 팔고 그래서 삼성자동차도 다 아빠 회산 줄 알았다(그 당시엔 삼성도 맡은 직책이 뭐든 간에 휴대폰 강매도 시키고 차도 몇 대 이상 팔아오라고 시키고 그랬나 보다). 아무튼 그런 TV에나 나오는 물건들을 다루는 게 멋있어서 아빠 얘기가 나오면 자꾸 자랑하고 싶어 입이 근질거렸던 것 같다.

아빠가 회사를 그만둔 뒤로는 아빠에 관해 이야기할 거리가 많이 사라졌다. 아빠를 '회사'로 기억하고 말한다는 건 아빠에겐 참 슬픈 일인데도, 그땐 누구나 '회사에 뼈를 묻는 각오로' 일하는 시대였으니 그랬겠지. 기억 속 아빠는 회사에 진심이었고 밤늦게 들어오는 날이 훨씬 많았다. 그 당시 대기업에 다녔으면 어느 집이나 비슷했을 것이다. 이제 회사가 조직 구성원을 지켜주지 않는다는 인식이 생겨선지 다들 많이 달라지긴 했지만 말이다. 근데 그 후로 아빠와 몸싸움 놀이를 하며 웃다 울던 기억이나, 술 냄새 풍기며 꺼끌꺼끌한 수염을 비벼대 입술이 퉁퉁 부은 기억, 원목 옷장 안에 숨으러 들어갔다가 크리스마스 선물을 우연히 발견하고 신났던 기억 같은 어린 시절 소소한 이야깃거리가 하나둘씩 사라진 것만은 확실하다. 아빠의 명예퇴직 이후 집은 점점 좁아졌고 내 방도 없어졌다.

이런 비슷한 이야기는 내 또래 친구들이나 몇 년 빠른 형님 누님들에겐 흔해 빠진 이야기겠지. 지금 초등학교에 다니는 아이들에게는 현재진행형일지도 모르겠다.

1997년 외환위기 이후로 2008년 세계금융위기, 2020년 코로나19 대유행까지 경제 사이클이 두 바퀴나 돌았고, 삼성이 세계 1위 공룡으로 크는 동안 세상은 많이 변했는데 나는 이제야 막

빚더미의 치과 전문의가 됐다. 대학을 세 군데나 다니고 그중에 하나만 졸업하느라 시간을 많이 낭비했지. 의사면허증만 받으면 돈이 굴러들어올 것 같았던 수험생 때 망상보단 치과의사 월급이 200만 원이라는 낭설이 더 현실적일 줄이야. 안다, 이 글을 읽는 많은 사람이 '그래도 당신은 치과의사잖아'하고 생각하리라는 것을. 그래 당신에게 만약 아이가 있다면, 그 아이는 잘 자라 뭐가 되더라도 될 거라는 희망으로 버텨주었으면 좋겠다. 우리 엄마 아빠가 그랬던 것처럼.

형은 군대에서 수능 공부를 해 한의대에 갔고, 나는 집에서 눈칫밥을 먹으며 치과대학에 붙었다. 한의사 형에 치과의사 동생. 결과적으로 보면 잘 된 일뿐이니 남들이 보기엔 그냥 그런 평탄한 인생일지도 모르겠다. 여전히 불안하고 앞날이 깜깜하지만 하소연할 데라고는 같은 처지의 동료들밖에 없지. 지금까지 잘해왔고, 무슨 일이든 이겨냈으니 앞으로도 잘할 거라는 그 믿음 하나로 또 하루를 보낸다.

아부지가 명예퇴직하신 뒤로 엄마 혼자 외벌이를 몇 년 간 하셨고, 나중에는 지역 대학가 상가 한 칸을 빌려 치킨집을 차리셨어요. 두 분이 함께 장사하시는 동안 조류 독감도 여러 차례 왔다 갔고 대학 학기가 끝나는 여름·겨울마다 매출이 없어 힘들기도 했던 기억이 납니다. 지금은 치킨집 안 해요. 쫌 아쉽네요, 치킨 원 없이 먹었었는디.

구름이 걷히면

나도 밝게 빛날 수 있어

집안에 한 명은

#엄마아빠   #형   #외삼촌

집안에 판검사(변호사) 하나, 의사 하나는 있어야 한다고들 한다. 나는 치과의사고, 형은 한의사니 뭐 엄밀히 따져보면 의사는 없지만, 또 따지고 보면 한의사랑 치과의사도 뭐 나쁘지 않은 조합인 것 같은데? 판검사는 눈을 씻고 찾아봐도 없는 것 같지만 사실 외삼촌이 내과의사긴 하다. 외삼촌 최고!!

근데 이 치과의사라는 게, 누가 뭘 물어봐도 속 시원하게 대답을 해줄 수가 없다는 게 좀 슬프더라. 양치할 때 이가 시리다는데, 내가 치아를 본 것도 아니고 검사를 해보지도 않았고 사진도 안 찍어 봤으니 뭐라고 딱 짚어줄 수가 없다. 그래서 아~ 그건 이럴 수도 있고요, 아니면 이래서 그럴 수도 있고요~ 주절주절.

"많이 불편하시면 근처 치과 가보셔요."

결국 결론은 치과 가란 말로 끝났다. 한번은 이런 일도 있었지, 오랜만에 본가에 올라갔더니 갑자기 엄마 사랑니가 아프단다. 핸드폰 조명 켜서 보니까 와 금방 뺄 수 있는데? 완전 명의 소리 들을 기회잖아?! 두근두근하네, 근데 저거 빼려면 일단 엑스레이 사진 찍어야 하고 마취도 해야 하고 장갑도 필요하고 기구도 필요하고 물려줄 거즈도 필요한데... 아휴, 이번에도 역시

"옷 갈아입어, 치과 가자..."

결론 땅땅땅. 최근에는 아빠 치아 하나가 많이 안 좋아졌는데 내가 지금 당장 뭘 해줄 수가 없다는 게 마음이 정말 안 좋더라. 진통제도 안 들어서 표정이 굳어 계신 게 보이는데. 당장 해보라고 할 수 있는 건 이부프로펜이랑 아세트아미노펜을 함께 먹어보라고 하는 것밖에 없었다. 낮에 치과 갔다 왔다면서 왜 치아에 구멍도 안 뚫어왔는지 물었더니, 혈압이 너무 높게 나와 치과에서 아무것도 해주지 않았다고 해서 몇이나 나왔나

했는데 진짜 너무 높아서 원망도 못 했다.

　"내일 일찍 치과 가자."

　뇌절해버리긴 했지만 결론은 항상 같다. 공보의라 서글프네. 하다못해 내가 어디 치과에 취직이라도 했으면 데려다가 얼른 뭐라도 해줬을 텐데. 마취 주사만 놔주든, 아니면 신경치료 구멍이라도 뚫든 뽑아버리든. 그리고 다음번에 임플란트를 해주든 어떻게 하든 했겠지. 사실 형도 한의사로서 엄마 무릎이나 여러 가지 건강에 대해 이야기도 해주고, 외삼촌도 엄마 아플 때 여러 가지 조언을 해주거나, 어지럼증을 보고는 이석증을 잡아내기도 했는데 내가 딱히 해줄 게 없을 때마다 좀 마음이 그랬다. 얼른 나도 내 치과를 갖게 되면 좀 나을 텐데.

둘이 왜 그렇게 달랐을까?

#형   #한의원   #성격차이

부모님께 용돈을 받으면 다 써버리는 어린이가 있고, 차곡차곡 모아뒀다가 후일을 도모하는 어린이도 있다. 우리 형은 용돈을 받으면 곧잘 모으곤 했는데, 나는 모으는 쪽보다는 쓰는 쪽에 가까웠다. 형은 어릴 때부터 셈이 빠르고 숫자에 밝았지만 나는 그런 것보다는 직관적인 감각이나 눈썰미가 좋았고, 엄마 말로는 그렇게 순했다고 한다. 갑자기 순살치킨 먹고 싶네.

무엇이든 크게 개의치 않는 내 성격은 일상생활 여러 군데에서 장점으로 나타나기도 했다. 엄마나 아빠가 귀찮은 일을 함께하자고 할 때 별생각 없이 "그래!"하고 따라나서 집안일을 거들기도 하고 쓸데없이(?) 뚝딱거리는 일도 많이 해봤으니까. 그런 일들이 유년기와 그 이후에도 성장발달에 조금이나마 도움이 됐을 것이다. 직관적인 성향이나 눈썰미를 가진 것은 내가 결국 미술에 대한 흥미를 갖도록 도왔을 것이고.

형은 숫자를 좋아했으니 자연스럽게 '논리적 사고력'이 잘 발달되었고 그런 풍부한 사고력은 글을 쓰는 것에도 좋은 영향을 주었던 것 같다. 학업 성적이 꾸준히 좋았던 것은 당연하고. 형은 한의대를 나와 지금은 한의원을 운영하는 대표원장인데, 대전에서 한의대를 다닐 때도 대학에서 열린 논술대회에 나가 상금을 휩쓸었을 정도로 글솜씨가 뛰어나다. 어쩌다 우연히 형이 쓴 글을 읽으면 내가 쓰는 글은 초등학생 일기장처럼 느껴질 정도라 사실 좀 부럽다. 그런 글솜씨를 갖기까지 부단히 썼다 지우고, 수많은 분야의 책을 탐독했겠지. 나는 모르는 긴 시간들이 분명 있었을 것이다.

가끔 형이 운영하는 한의원을 찾아 평택에 들른다. 환자로 북적거리는 대기실에 앉아있으면, "대표원장이 우리 형이에요! 키킥!"하고 사람마다 속닥여주고 싶다. 형은 원래가 매사 철두철미하고 분석적이면서 똑똑해서 뭘 하든 잘하는 사람이기는 한데, 한의원 개원을 준비하는 과정에서도 그런 성격이 도드라지게 보였다. '사랑인 한의원'이라는 이름은 원래 형이 졸업한 해부터 부원장으로 근무했던 한의원 이름인데, 거기서 형이 실력도 좋았고 친절하게 잘해서 그랬는지 같은 이름으로 한의원을 내도록 도와주셨다고 한다.

한의사들도 치과의사처럼 대부분은 개인병원을 개업해서 일하고 있다. 형은 개원 전에 어느 동네에 한의원을 차릴지 수없이 고민했던 것 같다. 여러 가지 지표들을 참고하고 직접 가보기도 하고, 함께 일하던 원장님이나 동기분들께도 여쭤보고. 내가 다 알진 못하지만 정말 많은 고민을 했을 게 분명하다. 일생일대의 결정이니까. 형 말로는 개원 준비가 결혼 준비보다 챙길 게 더 많고 복잡하다고 했다.

형이 자기 병원을 준비하는 과정을 옆에서 보면서 나도 내치과를 가지게 되는 날을 상상해보았다. 요즘 치과든 한의원이든 시장 상황이 워낙 안 좋아서 불안하기도 하고, 또 반대로 개원해서 곧잘 자리 잡아가는 선배들을 보면 용기가 나기도 한다. 그렇지만 워낙 어렵다는 이야기가 더 많아 나도 형이 그랬던 것처럼 건강보험심사평가원에서 여러 가지 의료통계 빅데이터를 받아 어설프게나마 분석해 보기도 하고, 지역별 특징을 찾아 그 결과를 블로그에 공개해 보기도 했다. 나만 알고 있는 것보다는 우리 치과의사들이 다 어려우니 함께 이 난관을 헤쳐

나갔으면 하는 바람이었지만 내가 지금 당장 개원을 준비하는 단계가 아니어서 부족한 점도 많았다. 그런데도 다행히 몇몇 원장님들께서 그런 글들을 좋게 봐주셨고, 블로그에 감사 인사를 댓글로 남겨주셔서 나도 뿌듯하고 감사했다.

어쩌면 우리 형제의 이런 점마저도 어릴 때 용돈 관리하던 습관 차이 같은 것인가 보다. 모은 정보를 어디든 뽐내고 싶은 마음에 글로 소비해버리는 나와, 차곡차곡 보관해뒀다가 가장 적절한 때에 멋지게 활용하는 형의 성격이 말이야. 성인이 된 뒤로는 우리가 비슷한 면도 많아졌다고 생각하는데, 어릴 때는 둘 성향이 진짜로 정말 많이 달랐다. 자라면서 형에게 있는 좋은 점을 많이 따라 하려고 했던 것 같다. 이제 막 뛰어놀기 시작한 아이들이 형 누나 언니 오빠가 하는 일들을 눈여겨봤다가 아무도 안 볼 때 어설프게 따라 하곤 하는 것처럼. 보고 배울 사람이 있다는 건 아주아주 운이 좋은 일이라는데, 역시 나는 운이 좋은 것 같다.

형 한의원 원장실

어린이는 작은 어른이 아니라

#엄마   #어린이   #규연이

베이비 시터라는 직업은 최근까지 우리 엄마가 가진 직업이 었다. 그리고 규연이라는 아이는 우리 엄마가 만난 아이 중에 가장 특별한 아이였다. 상상력이 풍부하고 표현력이 놀랍도록 탁월했거든. 엄마가 규연이를 돌봐줄 땐 나와 형보다 규연이가 최우선 순위였다. 형도 그래서 나랑 같이 꽥꽥대기도 했었다. "규연이야 나야!" 그러면 엄마는 당연히 규연이라고 했다. 엄마 가 규연이를 좋아했던 만큼 규연이도 우리 엄마를 정말 많이 따랐다. 엄마는 아이들을 좋아하고 그 특유의 어리숙함을 기다 려줄 만큼의 인내심이 있어 아이들을 잘 돌봐준다. 체계적인 교육도 받았고, 사회복지사 자격이나 요양보호사 자격도 갖춰 여러모로 '돌봄 전문가'이기도 하다. 처음에는 업체에 소속되어

계약된 몇 주씩 이곳저곳 아이들과 산모님들을 돌봐주다가, 언젠가 한 번은 한의사 부부의 아이와 산모를 몇 년에 걸쳐 맡은 적이 있었다. 규연이라는 아이를 그때 처음 만났다.

규연이가 말을 배운 뒤로는 나도 가끔 그 집에 초대받아 아이와 놀아줬는데, 두 개의 심장 폭주기관차라는 별명의 박지성 선수도 그때 규연이랑 놀아줬으면 지쳐 쓰러졌을 게 분명하다. 같이 뮤지컬 공연도 해줘야 하고 술래잡기도 해주고 규연이가 만든 상상동화 속에서 등장인물 연기도 해줘야 하고... 쩝쩝쩝. 언제 한번은 커튼 묶는 천으로 뱀 놀이를 해줬는데, 그때부터 나는 '뱀이다 삼촌'이 됐다.

근데 나는 엄마가 규연이를 가르치고 돌보는 것을 보면서 사실 뭐랄까, 서운하지는 않았는데 세상이 많이 달라졌구나 하는 걸 새삼 느끼기도 했다. 옛날엔 다들 뭘 모르고 하던 것 중에 지금 보면 난리 날 일들이 많구나 하는 생각도 들고. 예를 들면 나 땐 문방구에서 풍선처럼 부는 본드도 팔았고(생각해 보니까 정신 나갔지?) 화약도 팔았으니까. 근데 요새 아이들은 보육 전반에 대한 이론과 정서발달, 오감발달에 대한 내용이 보편화되어서 그런지 30년 전 나 자랄 때와는 세상이 딴판인 것 같았다. 출산율은 낮아졌지만 어린이에 대한 소비시장은 더더욱 커졌다는걸, 직접 아빠가 되어보지 않아도 느낄 수 있었던 것 같다. 유모차만 해도 그랬다. 당시엔 스토케라는 유모차가 최고 인기였는데, 요즘엔 어떤지 모르겠구먼. 허허

아 생각났다. 내가 어릴 땐 엄마 아빠가 억지로 먹인 고추가 너무 매워 울기도 했는데, 그때 엄마 아빠가 "이게 뭐가 맵냐" 라며 놀리고 엄살 피운다고 구박을 주기도 했었는데 말이지. 글쎄 이제는 어?! 애들은 물에 씻은 김치도 매워한다는 걸 너무나도 잘 아는 엄마가 쬐끔 야속했다. 엄마도 그땐 엄마라는 역할이 처음이었을 테고, 사회적으로도 그런 시기였으니 뭐라고 할 건 아니지만, 뒤돌아 곰곰이 생각해 보니까 그냥 그렇다고. 아니 안 서운하다니깐.

"어린이는 작은 성인이 아니다." 소아청소년치과학 교과서에 나오는 말이다. 교과서에서는 해부학적·생리학적인 특징을 말하는 거긴 하지만, 그것과는 별개로 확실히 어린이는 어른과 달라서 그들의 세계에 대해 진중하게 이해해야 할 필요가 있다. 상황에 따라 어린이를 어른과 같은 한 명의 사람으로 대우해 주어야 할 때도 있음은 물론이다. 그런데 확실히 어른의 세계에서 어린이를 완전히 이해하는 것은 그 개별성 때문에라도 결코 쉬운 일이 아닌 것 같다.

누구나 어린이라는 독특한 세계를 겪고, 그리고 누구나 그 시절을 잊는다. 그래서 우리는 어린이에 대해 무섭도록 냉정한 모습을 보이곤 한다. 나도 한때 내가 가던 길을 막아서는 어린이에 눈살을 찌푸리던 날이 있었다. 이제는 안전하게 비껴갈 수 있을 때까지 기다려줄 만큼은 그들을 이해하게 되었지만, 어린이라는 존재를 다 알기엔 그것만으로는 부족하다는 것도 안다. 직업적으로 어린이를 그만큼 깊게 이해할 필요는 사실 없지만, 내가 원래 좀 오지랖이 넓어서. 어린이를 이해하면 어른들에 대한 이해심도 덩달아 커지는 것 같다. 어른이라고 다 같은 어른도 아니고, 어린이라고 다 미숙한 것만은 아니라서 그런가? 어쩔 수 없이 '미숙하다'라는 단어를 고르긴 했지만, 사실 미숙하다는 말은 어린이에게 가혹하다. 아동을 '성인이 되지 못한 불완전한 존재'로 보아서는 안 된다고 한다. 어린이는 성인 보호자의 부속물이 아니라는 것이다. 어린이는 어린이로서 완전하게 존재한다며.

재잘재잘
덧붙이는 말

치아교정 못지않게 상담이 많은 치과 분야는 역시 소아
치과입니다. 이가 날 때쯤 해서 아이에게 열이 나기도
하고, 잇몸이 근질근질하니 떼를 쓰기도 하고, 치아가
안쪽으로 난다고, 치아 사이가 벌어졌다고, 치아가 안
올라온다고, 치아를 잇몸이 덮고 있다고 등등 궁금한 게
많으셔서 그런 것 같아요. 그런 것 말고도 아이 식습관
에 대해 지도해 주시기를 바라기도 하시고요. 대개 문제
가 없는 것들이긴 하지만 처치가 필요한 부분이 있을 수
도 있어 진료를 받아보시는 게 좋지요.

1 교도소에서 나를 잘 챙겨 주셨던 강주임님(교도관님)은

*회의하러 같이 가시죠 쌤

*담배 (난 안피움)

2 지금도 가끔 자녀분들 치과 문제가 궁금하실 때마다 연락을 주곤하신다.

카톡!

옹? 오랜만 이시비!

3 휴일요 배차된 치과의사 쌤도 있을텐데, 내가 좀 더 편하신건지ㅎㅎ 지금까지 챙겨주시는 것도 같고.

4 믿어주시는 게 감사해 최대한 잘 알려드리긴 하지만, 역시 결론은...

그럼 치과가야해요?

네 치아가 다 안올라와 보이긴 하는데 잇몸이 부워보이네용 가시는게 어떨까요ㅎㅎ

199

오이오이, 믿고 있었다구!

초등학교 1학년 2학기 방학식 날, 생활기록부를 길바닥에 버렸다. 하교 직전에 나눠준 생활기록부를 손에 든 채 학교를 나섰는데, 비가 억수로 쏟아져 종이가 다 젖어버렸거든. 그 와중에 버스가 왔고, 나는 버스를 놓칠까 봐 정신없이 달리다 걸리적거리던 생활기록부를 손에서 놓아버렸다. 비가 정말 많이 왔고 우산이 없었기 때문에 버스를 놓칠 수는 없다고 생각했었는지 그냥 버스에 올랐다. 결과적으로 그냥 땅바닥에 버리고 온 게 된 거지. 자갈돌로 채워진 인도였던 것까지 기억난다.

반으로 접힌 생활기록부 속 '수우미양가'로 표기된 학업성취도에는 '수'가 빼곡했다. 근데 엄마와 아빠는 내가 성적을 엉망으로 받아서 성적표를 감췄다고 생각한 것 같다. 엄마가 나를 조용히 불러서 그렇게 물어보셨으니깐. 의심받는 상황이 정말 억울했는데, 끝까지 안 믿어주셨다. 아빠는 성적표를 다시 가서 찾아오라고 형과 나를 함께 내쫓기까지 했다. 형까지 고생했는데 누가 치워버렸는지 끝내 못 찾아서 상황이 더 억울해졌다. 왜 그러셨는지 지금도 모르겠다. 거짓말에 대한 체벌이라고 생각하셨던 걸까? 그 일을 생각하면 지금도 정말 억울해. 여덟 살짜리가 설마 그걸 감추려고 버렸을까;; 공부나 성적 때문에 스트레스받게끔 하신 적도 없으면서 왜 그랬는지 모르겠네 진짜로?

가족에게 믿음을 받지 못한다는 건 정말 비극적인 일이다. 다시 수능 공부를 하기로 하고 목표하던 대학에 떨어졌을 때도 군대나 빨리 가라거나, 한심하다는 둥 인생의 낙오자라는 둥 하는 이야기를 가족에게 듣는 건 정말 슬픈 일이었다.

이런저런 생각에 교육부 NEIS(나이스) 홈페이지에 들어가 학생부를 열람해 봤다. 초등학교 생활기록부를 열람할 수 있을까 했는데, 전산화되기 전에 졸업해서 안 된단다. 대신 고등학교 학생부를 열어봤다. 행동특성 및 종합의견란에 적힌 1~3학년 담임 선생님의 코멘트가 오히려 감동적이다.

1. 성적이 고루 우수하며 급우 간의 신망이 두텁고 적극적이
고 창의적인 성격임
2. 밝고 활기찬 모습에서 건강함과 씩씩함을 느낄 수 있으며
적극적이고 낙천적인 면이 누구에게나 친근감을 줌
3. 매우 꼼꼼한 성격으로 다방면에 재주가 있으며 행동에 끈
기가 있어 자신이 원하는 것을 이룰 것이라 생각됨

고등학교 선생님들은 나를 믿어주셨을까? 앞서 말했듯이 고
등학교 1학년 1학기 첫 중간고사 성적이 344등이기는 했지만,
입학시험 성적은 60등 정도 했던 것 같다. 교육청 모의고사 성
적도 전교 절반 안에는 들었던 것 같고. 그냥 시험범위에 집중
해서 파고들어 공부하는 법을 몰랐던 거지, 전체 범위로 시험
을 치르면 썩 나쁘다고만은 할 수 없는 성적이었다. 내신파가
아니라 모의고사파였나봐. 그래도 매 시험마다 성적이 급격하
게 올랐으니 담임 선생님께서도 좋게 봐주셨던 것 같다.

인터넷 밈 중에 "오이오이, 믿고 있었다구!"라는 유행어가
있다. 작고 하찮은 일부터 정말로 대단한 일에 이르기까지, 오
랜 시간을 들여 결국 무언가를 해내면 서로 놀리듯이 저 말로
흥분을 표현하곤 한다. 특정 만화를 광적으로 좋아하는 팬들이
쓰는 말에서 따온 장난스러운 말투이긴 해도 그 속뜻은 정말

따뜻하다. 거듭거듭 실패하는 동안에도 묵묵히 믿고 지켜봐 준 사람만이 할 수 있는 말이니까. 실제 사용되는 상황을 보면 썩 감동적이게 쓰이지는 않지만, 오히려 좋아. 더 쉽게 사용할 수 있잖아? 아무리 좋은 말이라도 꺼내 표현하지 못하면 쓸모가 없으니까.

가족이란 서로를 탓하지 않고 의지가 되는 관계가 아닐까 한다. 서로를 나무라지 않는 게 생각만큼 쉬운 일은 아니지만, 그렇게 했더라도 금세 후회하고 서로를 보듬어 줄 수 있으면 좋겠다. 전통적인 가족상은 마치 가족이라는 이름을 면죄부 삼아 서로 너무 많은 상처를 주는 것 같기도 하다. "가족이니까 이런 말도 하는 거야! 나 아니면 누가 이런 말을 해주겠어. 가족끼리 이런 말도 못 해?!" 응 아니야~ 하면 안 되는 말이 있다. 많다. 가족 간에도 지켜야 할 각자의 존엄이 있고 좋은 마음을 유지할 수 있는 최저선이 있는데. 그건 자기 자신 외 다른 누군가가 정할 수 있는 성격의 것이 아니고 각자 인격의 고유 권한이니깐.

5252

203

어디서 살까,

　어렸을 때부터 이사를 많이 다녔기 때문인지 나는 지금도 딱히 '어디서 살아야겠다'하는 마음이 별로 없다. 이사를 다니고 도시가 커감에 따라 학군이 변하면서 초등학교만 네 군데를 다녔으니 그럴 법도 하지 않나? 근데 그렇다고 막 역마살이 꼈다 할 그런 건 아니고, 살고 싶은 데를 '아직' 못 찾은 거지 어디 정착하고 싶은 마음은 항상 있어서 치과의사가 된 뒤에 일부러 여기저기 도시마다 살펴보고 다녔지. 어느 동네가 살기 좋은가~ 하고.

　처음엔 역시나 깨끗하고 잘 정돈된 도시가 좋아 보여서 세종에 관심이 많이 갔다. 그리곤 가장 먼저 천안, 아산, 대전처럼 본가에서 가까운 곳부터 봤고, 그다음 서울도 구별로, 또 수원,

부산, 전주, 광주... 당연히 익산이나 군산에선 살아봤으니 그 동네도 생각해 봤고. 군산교도소 출근할 땐 수송동 원룸에서 살았는데, 옆집엔 전북은행 은행원이 살았다. 출근하다 차 긁혀서 알게 됐지. 아무튼 나름대로 많이 돌아다녀 봤다. 사실 아직 '여기다!'하고 정하진 못했는데... 👈👉

근데 그때만 해도 아파트값이 이렇게 많이 오르지 않았던 때라, 얼마 모으고 대출 얼마 껴서 어느 동네 이 집은 마련해 볼 수 있겠다 하는 계획이 섰었다. 3년 차 정도 되면은 천안 어느 아파트는 겨우 살 수 있을 정도가 되겠구나 하는 계획을 주절대기도 했는데, 아, 허망하지. 어림도 없어졌다. 몇억이 우습게 더 오른 데다 대출도 막혔으니, 그냥 포기다 포기. 시기는 한참 뒤로, 입지도 한참 밖으로 밀려났다. 집부터 사냐 개원부터 하냐 이걸 선택을 해야 하다니?

'치과의사가 사는 집'하면, 드라마 같은 데서는 무슨 한강 야경이 내려다보이는 고층 고오급 아파트 이런 데를 보여주던데 말이야~ 뻥 좀 치자면 그것보단 차라리 드라마 〈타인은 지옥이다〉에서 치과의사로 나온 이동욱이 살던 고시원이 더 현실적일지도 몰라. 아니 공보의 관사는 대부분 그렇게 생겼다 진짜로. 부모님 재력 따라 완전히 달라지기는 하지만, 그걸 빼고 보면 확실히 치과의사라고 다 비싼 동네에서 사는 건 아닌 것 같다. 이건 치과의사이건 아니건 뭐 별다를 게 없지 않나?

사실 나도 그런 전망 좋은 집에서 살아보고 싶은 마음에, 서울로 세미나를 들으러 가면 〈에어비앤비〉 서비스를 통해 여러 집에 들러 하루씩 지내보곤 했다. 서울에서만 한 10번 남짓 이용한 것 같다. 호텔이 아니라 에어비앤비를 이용했던 이유는 에어비앤비를 그냥 좋아하기 때문도 있지만, 내가 들른 곳 주변에서 깔끔한 숙소를 저렴한 가격에 쉽게 찾을 수 있다는 장점 때문이기도 했지. 특히 '여행은 살아보는 거야'라는 에어비앤비의 광고 문구가 와닿기도 했다. '서울에 살아보고 싶은' 내 욕심을 채워주기에 정말 적절한 수단이었다.

그중에서도 가장 기억에 남는 숙소라면 다름 아닌 마포구 합정동의 마포한강푸르지오였는데, 창문으로 한강과 성산대교, 양화대교가 정말 멋지게 보이는 집이었다. 그때 그 집은 항공사에서 근무하시는 스튜어디스 분의 집이었는데, 뷰가 너무 예뻤고 당시 그 동네를 너무 좋아했던 때라 정말 '살아보고 싶은 집'에서 놀고, 쉬고, 잠을 잔다는 게 설렛던 기억이 난다. 그 집 외에 내가 묵었던 집 중에는 독립한 아들/딸의 방을 숙소로 내어주는 가정집도 있었고, 투룸을 얻었지만 혼자 방을 쓰는 직장인도, 앞서 이야기한 것처럼 자주 해외에 나가 집을 비우는 일이 많은 스튜어디스 같은 분들, 그리고 재테크로 에어비앤비를 여러 채 돌리는 투자자도 있었다.

모르겠다. 사실. 치과의사로서 '살 곳'을 고른다는 것은 곧 '내 치과를 차릴' 동네를 고른다는 것과 거의 비슷한 말이기도 해서, 지금 당장 온전히 그걸 고르기가 쉽지는 않다. 서울에서 나고 자란 친구들, 특히 여자 동기들은 대개 서울 가까이, 혹은 부모님 계신 곳에서 지내고 싶은 마음이 큰 것 같은데. 나나 다른 공보의 동기들이나, 남자애들은 대개 일단은 여러 지방을 염두에 두고 고민하는 듯하다. 드라마 〈갯마을 차차차〉의 치과의사 여주인공 신민아가 바닷가 마을에 치과를 차리는 것처럼 개원가에선 그런 일이 실제로도 비일비재하다. 보통은 여자가 아니라 남자 치과의사이긴 하지만. 왜 그런 차이가 나는지는 잘 모르겠다.

나도 사실 창원처럼 수도권에서 멀리 떨어진 지방 거점 도시에서 일해볼 생각도 있다. 전국 팔도 지역마다 치과들이 가지는 특징도 있다고 해서, 뭐가 나한테 맞을지 모르겠네. 어디로 가든 깊이 고민하고 생각해서 고른 곳일 테니, 미래의 나를 응원해 주어야지!

정말 살아보고 싶었던 호주, 시드니

오늘 부산 오길 잘했다

일요일이었던 어느 날 갑자기 바다가 보고 싶어 부산행 기차를 탔다. 부산 날씨를 확인해 본 것 말고는 아무것도 계획하지 않고 일단 예매부터 해놓고, 옷 갈아입고 일단 출발했다. 이렇게 갑자기 어디로 나가 본 건 생전 처음이다. 기차를 타고 나서야 부산 가면 어딜 갈까 하고 검색을 시작했는데, 영도에 아주 멋진 전망대가 있다고 해서 거길 목적지로 삼았다. 원래 광안리 해수욕장에 가서 멍 때리다 올까 싶었지만 광안리는 몇 번 가봤으니, 안 가본 곳을 가야겠다 싶었다.

어릴 때 경남 양산에 살았기 때문에 부산에 대한 약간의 향수? 같은 게 있다. 당시 어디 어디를 다녔는지 정확히 기억나지 않지만 엄마 손잡고 백화점을 가기도 하고, 백화점 1층 에스컬레이터 옆 맥도날드에서 바닐라 쉐이크를 먹던 기억이나, 큰 서점에 들러서 우주 책이나 월리를 찾아라 같은 책, 드래곤볼 같은 만화책을 샀던 기억이 얼핏 난다. 부산타워에도 몇 번 갔던 것 같은데, 부산 사진을 엮은 엽서 책을 사 와서는 계속 떠들러 봤던 기억도 난다. 그중에 가장 마음에 드는 엽서를 손에 들고 부산타워 앞에서 사진도 찍었는데, 어차피 안 보이니 다른 포즈를 잡아보라는 엄마 아빠 성화에도 고집을 부리고 그렇게 사진을 찍었던 기억도 난다. 그 사진도 집에 있으려나?

그런 생각을 하면서 부산에 도착해서, 가장 먼저 간 곳은 사상역 근처의 에그타르트집이었다. 당시 정주행 중이던 유튜버 '여락이들'이 리스본 여행에서 에그타르트를 정말 맛있게 먹는 것을 보곤 포르투갈식 에그타르트를 나도 먹어보고 싶어져서 검색해 찾아간 곳이었다.

근.데.

내가 여태까지 먹어봤던 에그타르트는 에그타르트가 아니었던 걸까? ㅇ_ㅇ
큰일이다. 이제 파리바게트 에그타르트는 못 먹을 것 같다. 왜 여락이들이 에
그타르트 12개를 앉은자리에서 전부 박살 내고 다녔는지 알 것 같다.

다른 집도 가볼까 했지만, 차를 가져간 게 아니기도 하고, 아침에 출발한 게 아
니라 이미 시간이 좀 늦고 버스 타고 돌아다니느라 너무 피곤할 것 같아 패스!
바로 영도 가는 버스를 탔다. 검색해 보니 전망대 바로 앞까지도 버스가 다녔
지만, 사상역에서 한 번에 가는 버스를 타려다 보니 거기까지 가는 버스 말고
조금 떨어진 곳(?) '청학주유소' 정류장에 내려서 걸어가기로 했는데... 완전히
잘못된 생각이었다. ㅋㅋㅋ 경사가 진짜 미친 경사 체감상 y=x 그래프 45도
는 족히 넘을 것 같은 경사길을 걸어 올라가려니 숨이 차서 말도 못 하고 힘들
어 죽는 줄 알았다. 커플 둘이 그 길을 걸어 올라가면 싸울지도 몰라. 근데 너
무 어이가 없어서 뒤를 돌아보면, 건물 사이로 보이는 바다가 너무 예뻐서 또
힘을 내게 되더라.

킹치만 다음에 또 간다면 절대로 '(구) 해사고' 정류장까지 버스 타고 갈 테다.

아무튼 힘들게 올라간 전망대에서 본 부산항은 정말이지, 너무나도 비현실적
인 모습이었다. 날씨가 좋고 뉘엿뉘엿 저물어가는 햇살이 예뻐서 그랬는지도
모르겠다. 바람이 정말 세차게 불어서, 고어텍스 바람막이조차도 그 바람을
다 막진 못했지만 그것도 나름대로 좋았던 것 같다. 물론 찬바람이 야경까지
보고 오자고 다짐하고 간 마음을 열 번도 더 흔들었지만, 끝끝내 해가 지고 불
이 켜지니 꾹 참고 버틴 값보다 훨씬 값진 야경을 보여주었다.

아쉽지 않을 만큼 충분히 보고 돌아가고 싶었지만, 도저히 만족이 안 돼 내려
가려다가도 다시 올라와 한 번을 더 보게 됐다. 그런 섭섭함을 뒤로하고 카카

오 택시를 불러 동네를 내려가는 길에도, 창밖에 계속해서 보이는 야경이 '부산 오길 잘했다'고 백 번쯤 생각하게 했다. 평소 택시 기사 아저씨랑 말하는 걸 좋아하지 않는데도, '여기 진짜 예쁘네요' 하고 먼저 말을 건넬 정도로. 어린 시절 기억 속과 닮은 점도 많고, 다른 점도 많았던 부산. 계속 양산에 살았으면 치과대학도 부산대로 갔을까? 아니지, 나 고1 때부터 부산대는 학부과정 없애고 전문대학원으로 바뀌었지?

더 하고 싶은 이야기

흔히 어금니라고 부르는 대구치도 한쪽에 두 개씩 나고,
추가로 나는 건 사랑니라고 부릅니다.
어금니는 앞 치아들과 혀, 뺨이 힘껏 뒤로 보내준
음식물을 잘게 부수고 삼키기 좋게 만드는 역할을 해요.
저도 하고 싶은 이야기가 더 많은데, 이제 그만
속으로 삼킬 때가 된 것 같아요. 못다 한 이야기를
더 풀어낼 기회가 있기를 바랍니다. 😊

이럴 수도 있고 저럴 수도 있고

#병원실습 #에피소드 #수수께끼

스위스에서 첼로를 전공한다는 어떤 여자 고등학생은 오른쪽 턱 끝이 자주 아팠다. 고개를 돌리거나, 누우려고 하면 통증이 좀 더 심해지는 것처럼 느껴졌다. 가끔은 머리까지 아팠다. 하지만 스위스에서는 바쁘기도 했고, 외국에서 병원을 가기가 조금 그래서 마침 방학을 맞아 잠시 귀국한 김에 고향 근처 대학병원을 찾게 됐다. 구강 내과에 의뢰되어 교수님 진료를 받기 전, 학생은 조금 촌스러운 가운을 입은 남자에게 먼저 문진과 간단한 검사를 받았다.

남자는 고등학생의 턱이 언제 아픈지, 어떻게 아픈지, 언제부터 아팠는지, 치료를 받은 적이 있었는지 이것저것 물어보더니 '얼굴을 만져야 하는데 괜찮은지' 양해를 구하곤 이곳저곳을 눌러보기 시작했다. 왼쪽 뺨을 살짝 손바닥으로 감싸고 오른쪽 뺨을 손가락 끝으로 누를 땐 너무 아팠다. 학생이 아프다고 하니 남자는 기다렸다는 듯이 '다시 한번 좀 더 길게 눌러보겠다'라고 했다. 그 말에 학생은 겁이 났지만 꾹 참는 수밖에 없었다. 남자는 다시 학생에게 '이렇게 누르면 관자놀이 쪽까지 아파지는지'를 물었고, 학생은 신기해하며 그렇다고 했다. 턱을 눌렀는데 관자놀이가 아프다니? 그 느낌이 평소 아픈 느낌과 같냐는 질문을 받고는 "네! 잘 아시네요?"하고 말했다. 남자는 멋쩍게 웃었다.

검사상에서 교근(귀 앞쪽 아래 뺨에 붙은 씹는 근육) 촉진에 강한 통증을 보여 교근 치료를 먼저 시작하게 되었지만, 교수님께선 치료계획에 〈목, 어깨 물리치료〉를 올려놓으셨다. 아마도 '고개를 돌리거나 누우려고 할 때 통증이 심해진다'라는 문진결과가 그런 결정에 조금 영향을 미친 것 같다.

여기서 〈촌스러운 가운을 입은 남자〉는 사실 나다. 대전병원 구강내과 풀옵(Full-observation ; 내가 맡은 환자마다 초진부터 치료 종결까지 계속해서 관찰하는 치과대학 교육과정) 기간에, 턱이 아프다는 고등학생 환자를 내가 풀옵으로 맡게 된 적이 있었는데, 그때 이야기를 간단하게 적어봤다.

목 어깨, 또는 턱 근육의 문제가 두통으로 느껴지는 긴장성 두통처럼, 여러 가지 턱관절 통증은 사실 사람에게 통증이 느껴지는 부위와 실제로 아픈 부위가 다른 경우도 있다. 완전히 치료하는 데에는 시간이 좀 더 걸리겠지만, 환자는 치료 후에 확실히 표정도 좋아졌고 좀 더 발랄해져서 다시 스위스로 돌아갔다.

사실 나도 한동안 두통을 자주 겪어 힘들었던 경험이 있다. 편두통 증상과도 비슷해 대한두통학회에 참여해 공부하기도 했었다. 한동안 내 두통이 편두통인 것 같다고 생각했지만, 다행히 편두통은 아니었고 목, 어깨 근육이 뭉치며 나타난 긴장성 두통이었던 것 같다. 근력 운동을 시작하고 체중을 줄이면서 앞으로 말린 어깨를 펴주고 목의 C자 커브를 유지하려고 노력하니 이제 웬만하면 두통에 시달리지 않게 되었기 때문이다. 종일 앉아서 하는 일이 많고 한가할 때도 시간을 대부분 컴퓨터 앞에서 보내기 때문에 앉은 자세가 건강에 미치는 영향이 정말 컸던 것 같다. 이렇게 다양한 가능성을 생각하고 그것들을 일일이 확인하는 일은 의사에게도 환자에게도 번거롭고 힘든 일이다. 아무리 노력해도 끝내 밝혀내기 어렵거나 원인이

명확하지 않은 질병일 경우에는 의사—환자 사이의 신뢰가 깨어지는 안타까운 일도 자주 일어난다.

진단이 상대적으로 간단하고 검사로 쉽게 확인할 수 있는 분야도 있겠지만, 그렇지 않은 것도 많다. 그럴 땐 사실 처음 환자와 마주하고 추정한 '가진단'이 결국 배제되는 경우도 많이 있다. 그래서 보통은 '감별진단'을 위해 다양한 검사를 계속 사용하기도 하는데 이 부분에 대해 환자에게 전부 다 설명하기 어려울 때도 있고, 설명을 하더라도 어려우니 앞부분만 기억하시거나, 의사가 그거 하나 재깍재깍 못 짚어내느냐며 역정을 내기도 하신다.

치과의사도 항상 다양한 가능성을 생각하며 진료에 임한다. 너무 의심이 많아 정상 소견도 병소로 의심하고 환자를 불안하게 하는 것도 굉장한 잘못이지만, 쉽게 병으로 의심할만한 부분을 놓치는 일도 있어서는 안 되겠지. 원래부터 발견하기 어려운 질병이야 어쩔 수 없다손 치더라도. 한편 어떤 질병은 오랜 기간에 걸쳐 서서히 변화가 나타나는 부분들도 있어서, 그런 부분은 꼭 환자의 이야기를 참고해야 하기도 한다. 아마 치과나 병원에 가서 이야기를 막 풀어놓았는데 의사가 별 반응이 없다면, 그 이야기에 어떤 힌트가 있나 곱씹어 보느라 타이밍을 놓쳤기 때문일지도 모르겠다. 그냥 실없는 이야기겠거니 하고 넘기는 것보다는 그게 당신의 주치의로서 더 낫지 않을까?

한번은 이 깨진 곳을 좀 봐달라고 할아버지 한 분이 오
셨기에, '언제 이가 깨졌는지 아시느냐'고 여쭤봤더니
"아 내가 젊을 때 요 앞 사거리에서 패싸움을 한 적이 있
는데~"부터 옛날이야기를 구구절절 풀어놓으시던 분도
생각이 나네요. 결과적으로 그때 깨진 건 아니었고, 당
시에 이가 흔들렸었는데 그 치아가 깨진 것 같다며 걱정
이 돼서 오신 거였거든요. 외상에 과거 병력을 듣는 건
필요한 일이긴 하지만.. 너무 구구절절 이야기하시면 사
실은 좀 힘들기도 해요.

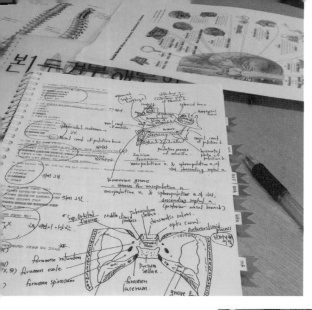

공부 흔적

노안은 아니지만 돋보기를 씁니다

#치과도   #장비빨?   #의사의 마음

우리 집에 처음 PC가 들어왔을 때 CPU 성능은 150 MHz (메가헤르츠)였다. 150 MHz라고 하면 지금 내가 쓰는 컴퓨터가 2.4 GHz (기가헤르츠) 듀얼코어니까 그 차이가 어느 정도인지 숫자로는 감이 좀 올락 말락 하는데, 부팅에만 3분은 족히 걸렸던 그 고물 컴퓨터를 생각하면 지금도 왜인지 속이 좀 답답해지는 기분이 든다. 다행히 포켓몬 골드나 스타크래프트 브루드워 같은 민속놀이 게임 정도는 할 수 있는 성능이긴 했지만, 우리집 똥컴은 전원을 켜면 본체 안쪽 어디선가 '징~징~드드득. 삑!' 하는 요란한 소리가 엇박자로 나면서 부팅을 시작했고 그 소리가 어찌나 큰지 밤에 부모님 몰래 게임을 해보려고 해도 컴퓨터를 켤 수조차 없는 정도였다. 어릴 때 밤에 몰컴 하는 건 우리나라

전통인데 말이야. 모르긴 몰라도 밤에 켜면 아랫집에서도 들렸을 거다. 그래서 이불을 본체까지 뒤집어씌우고 켜보곤 했지만 어림도 없었다.

근데 그때는 사실 우리 집에 인터넷도 안 깔아놓아서 오프라인 패키지 게임밖에 할 수가 없었다. 인터넷이 안 되는 컴퓨터에서 게임을 해봤자 오래 즐길 수도 없었고 왕까지 다 깨고 새로운 게임 CD를 사기까지 텀이 굉장히 길어서 나는 대부분의 시간을 컴퓨터에 깔린 워드프로그램(당시 우리집은 삼성전자에서 나온 훈민정음을 썼다)과 마이크로소프트 파워포인트를 가지고 노는 게 내 최대 취미가 되었다. 초등학생 때부터 그런 걸 가지고 놀다 보니 파워포인트 다루는 솜씨가 날로 늘었고 그게 지금까지 남아서 치과대학에 와서도 웬만한 조별과제 PPT는 내가 다 만들었다.

그런데 어느 날 내가 전화선 모뎀으로 인터넷 하는 법을 알아내서 01411 천리안을 통해 인터넷을 했다가 전화비 폭탄을 맞았고, 얼마 지나지 않아 부모님이 ADSL 인터넷을 연결해 주셨던 것 같다. 150 MHz짜리 컴퓨터는 인터넷도 제대로 못 할 정도라 컴퓨터 본체까지 업그레이드하게 된 것은 덤이었다. 컴퓨터를 바꾸면서 모니터도 조금 더 큰 것으로 바꿨다. 컴퓨터 기사님이 "성능이 좋은 걸 느끼려면 화면도 커야 한다"라고 말했기 때문이다. 여전히 브라운관 모니터를 사용하기는 했지만, 확실히 화면이 커지고 해상도도 늘어나고, 속도도 빨라져서 성능이 좋아진 게 체감이 많이 되었던 것 같다. 부팅할 때 나는 소리가 작아진 게 가장 큰 업그레이드였던 건 말할 필요도 없다.

시간이 많이 흘러 지금은 24인치로 커진 올인원 PC를 사용하고 있다. 큰 화면으로 블로그 문서작업이나 포토샵을 하면서 작업환경도 아주 쾌적해졌는데, 창 분할을 사용해서 왼쪽에 교과서 PDF나 논문, 치과 세미나 영상을, 오른쪽에 아래아 한글을 켜놓고 필기를 하다 보면 13인치는 매우 작았고 24인치도 조금 번거롭긴 하지만 그 전에 비하면 아주 좋다. 아이러니하게도 고등학교 2학년 이후로는 컴퓨터 게임을 많이 하지 않아서 다른 남자애들이 게임을 가장 열심히 한다는 대학생 때 난 오히려 다른 쪽으로 취미를 많이 찾게 되긴 했지만, 아직도 예전에 들었던 "좋은 걸 느끼려면 화면이 커야 한다"라는 말이 잊히지 않는다. 아마 내가 그 말을 잊을 만하면 실제로 경험하고 있기 때문인 것 같다. 요즘 TV 화면도 점점 커지는 이유가 HD 화질에서 4K로, 그리고 8K로 출력성능이나 인터넷 속도가 좋아지는 것을 받아내기 위해서라는 것을 미루어 보면 정말 맞는 말이지 않을까 싶다. 그 아저씨는 그냥 모니터 하나 팔아먹으려는 수작이었는지는 몰라도 말이야.

"큰 화면의 스마트폰을 원하는 사람은 없다"라고 자신 있게 말했던 스티브 잡스도 요즘은 좀 민망해할 것 같지만, 유튜브와 틱톡으로 향하는 거대한 물결 속에서 스마트폰조차 '대화면'으로 기수를 튼 지 오래고 이제 더 큰 화면을 휴대하기 위해 접어서 보관하는 액정까지 상용화되고 말았다. 좋은 걸 크게 보고 싶은 마음은 어쩌면 모든 사람이 가지고 있는 본능인지도 모른다. 멀리 있는 것을 보기 위해 망원경을 만들어내고, 멋진 풍경으로 직접 들어가 보고, 호감 가는 상대의 사진을 두 손가락으로 확대해 보듯이 말이다. 인스타그램 안 하는 사람한테 내 계정으로 뭐 보여주면 안 된다는 생활의 지혜가 그걸 방증해 주지!*

사실 치과의사인 우리도 광학 발전의 산물을 부지런히 누리고 있다. 노안이 아닌데도 돋보기를 쓴다는 건 보통 '좋은 걸 크게 보고 싶은 마음'과는 약간 결이 다른, '좋은 결과를 위해 크게 보고 싶은' 의사의 마음이다. 요즘엔 의학 드라마를 통해서

---

* 인스타그램에서는 사진을 두 번 터치하면 확대가 되는 게 아니라 '좋아요'가 눌러진다.

도 의사가 수술 중에 돋보기안경을 착용하는 모습을 자주 접할 수 있는데, 우리 치과의사들도 마찬가지다. 눈이 좋은 분들이나 손끝 감각이 특히 좋은 분들은 전혀 사용하지 않으시기도 하지만, 그렇지 않다면 가끔은 '루페'라고 부르는 돋보기의 도움을 받는다. 가격이 꽤 부담스럽고 한 번 쓰면 벗는 게 불편하긴 하지만, 어려운 치과 시술에는 도움이 되고 몇몇 원장님들은 훨씬 더 크고 성능 좋은 '현미경'을 사용하기도 한다. 장인은 도구를 가리지 않는다는데, 나는 장인이야말로 도구를 가장 까다롭게 고른다고 생각한다. 주변에 존경받는 원장님들만 보아도 하나부터 열까지 다 직접 써보시고 계속 더 나은 기구를 찾아가고 계신 걸 보면 그게 맞는 것 같다.

⟨유퀴즈⟩에 나온 셀럽

#초보 #성장기 #배움의연속

치과의사 면허증이 나오자마자 나는 치과의사협회 회원 명단에 이름을 올리고, 거의 곧바로 통합치의학과 임상 실습을 하러 갔다. 그게 3월 1일이었는데, 일주일 뒤인 3월 7일에 공중보건의사로 육군훈련소에 입영해야 했는데도 그새를 못 참고 임플란트 관련 수술이 너무 궁금했던 나머지 오버를 좀 했다. 그래서 그때 보라매병원 서울대 구강악안면외과 교수님께서 강의하는 상악동 거상 수술 실습을 들은 게 내가 졸업하고 첫 번째로 접한 임플란트 강의였다.

그 뒤로 정말 여러 강의를 들으러 전국을 떠돌며 학교에서 배운 것보다 몇 단계 어려운 것을 깊이 배워가는 게 신기하고 즐겁긴 했지만, 막상 뭔가 내 수준에 맞는 명쾌한 해답을 얻어가는 기분은 들지 않았다. '이럴 땐 이럴 수도 있고~ 저럴 땐 저럴 수도 있고~ 이런 경우가 생길 수 있는데 그땐 어떻게 하고~' 온갖 난관을 헤쳐나가시는 모습에 감탄과 경이로움을 자아내는 실력 있는 원장님들을 많이 만났지만 당장 내가 배워야 하는 단계를 뭔가 건너뛰고 있다는 기분이 들었다. 마른 모래 위에 열심히 글씨를 쓰는 느낌? 시간이 지나면 알아볼 수도 없고 기억도 안 나는 공부를 하는 것 같았다. 그리고 그건 이제 막 임플란트를 배우려는 새내기 치과의사 모두가 다 똑같이 경험하는 일종의 통과의례인 것도 같다.

그러던 어느 날 어쩌다 개그맨 출신 치과의사 원장님 강의를 찾아 듣게 되었는데, 내가 원하는 명료함을 거기서 찾아, 갈팡질팡하던 방향을 겨우 다잡을 수 있었다. 얼마 전 〈유 퀴즈 온 더 블럭〉이라는 유명 TV프로그램에서 개그콘서트 출신 개그맨 치과의사로 소개된 그분이 맞다.

김영삼 원장님과의 인연은 내가 기존에 다니던 사범대학을 그만두고 다시 입시를 치르던 때로 거슬러 올라간다. 수능을 잘 보기는 했는데 누구나 그렇듯이 원하던 성적은 아니었다. 그래서 비슷한 성적으로 갈 수 있는 치과대학 두 군데 중 어느 대학에 등록할지 고민이 많이 됐고, 물어볼 사람이 없어서 인터넷을 전전하다 마침 치대지망생 질문게시판도 따로 만들어 두셨던 김영삼 원장님의 개인 홈페이지에 조언을 구하게 됐다. 지금 다시 보면 진짜 쓸데없는 고민이고 과한 걱정이었는데도 정성스레 답장을 남겨주신 그 기억이 좋게 남아 치과의사 국가시험에 붙고 나서 다시 그 사이트를 통해 인사를 드리기도 했다. 원장님께서 본인 사랑니 발치 강의를 들으러 오라는 말씀을 해주셔서 그때부터 친분이 쌓이게 되었지.

그 뒤로 원장님 강의와 수술 실습 연수에 쭉 참여하며 다양한 치과 원장님들의 실속 있는 강의와 1:1 밀착 지도를 받은 덕분에 사랑니 발치와 임플란트 치료 전반에 대한 시야를 넓힐 수 있었던 것 같다. 주말에 서울과 부산, 전국을 오가며 들었던 세미나 중에 내가 직접 여러 차례에 걸쳐 진료하는 동안 매번 옆에서 전문의 원장님들이 피드백을 해주시는 수술 연수는 김영삼 원장님 세미나가 유일했다. 대개 돼지 뼈 또는 플라스틱 모형으로 실습하거나, 직접 환자를 섭외하여 수술을 진행하더라도 1회에 그치는 반면에 김영삼 원장님 연수에서는 발치 및 임플란트 식립, 보철물 부착까지 수개월에 걸친 전체 과정을 전부 지도 받을 수 있다는 점이 가장 유익했다. 앞으로 계속해서 다른 고수분들에게도 지도를 받으러 다니긴 하겠지만 그 밑

바탕에서 내 초보 딱지를 떼어준 원장님 세미나를 잊을 순 없을 것이다.

이제 다시 모래 위에 글씨를 쓰러 갈 차례다. 대신 이번에는 젖은 단단한 모래 위에 써보려 한다. 마른 모래보단 훨씬 잘 써지겠지? 지식을 내 걸로 만드는 일에도 wet bonding이 필요한가 봐.

치과용 레진으로 충치를 치료할 때, 치아를 완전히 건조
시키면 치아와 레진 사이가 서로 붙지 않는 현상이 일어
나요. 그래서 치아가 적당히 물에 적셔진 상태에서 레진
을 접착해야 하는데, 그 과정을 전문용어로 wet bonding
technique라고 부릅니다. 비유를 너무 어렵게 했죠 죄송
해요.. 😥

dr.talented
소현수 ✏️

⋮

youngsamkim01

  ◁ 🔖

나의 MBTI를 맞춰볼래요?

글만 읽고도 내 MBTI 유형을 맞춘 사람이 있을까? 궁금하네. 아마 좀 있을 것 같아서 걱정이다. 정답은 알려주지 않을 거야.

MBTI 성격유형 중에 F와 T의 차이에 관한 재미있는 사례를 인터넷에서 읽은 적이 있다. 정확히는 기억나지 않는데 "와 나 오늘 너무 피곤해서 머리 드라이 샴푸만 하고 나왔잖아"라는 친구의 말에 T(사고형) 친구가 "헐 대박 드라이 샴푸 좋아? 마른 머리에 그냥 문지르기만 하면 됨? 대박"으로 반응했다는 이야기였다. F(감정형)인 본인은 '오늘 너무 피곤하다'는 게 요점이었는데 말이다.

사람의 성격이 이런 두 가지 유형에 국한되든 아니든 간에 이런 관점의 차이는 분명 사람 사이에 존재하는 것 같다. 앞으로 내가 치과의사로 살아가며 여러분께 내 존재를 널리 어필해야 하는 시점에서 어떤 사고방식이 유리한가에 대해서는 잘 모르겠지만, 과연 그런 기질은 바뀌거나 훈련으로 양쪽 모두의 성질을 가질 수는 없는 걸까?

MBTI가 유행하며 사람들은 자신을 그 성격유형에 가두고 '나는 원래 이런 사람이야!'하며 무례한 행동을 서슴지 않거나 반대로 다른 사람의 MBTI 성격을 제멋대로 규정하고 편협한 관점으로 비난하는 사람들도 늘어났다. 근데 나는 사람이란 게 그렇게 무 가르듯 나눌 수는 없는 게 아닐까 생각이 들기도 한다.

인터넷에서 쉽게 찾을 수 있는 MBTI 테스트를 나도 몇 번 해보니 대개 한 가지 유형이 자주 나오고 가끔 다른 하나가 번갈아 나오곤 하는데, 이 유형의 특징이랍시고 나와 있는 글을 읽다 보면 놀라울 정도로 꼭 들어맞는 것들이 많고 칭찬 같아 기분 좋아지는 말들도 있는 반면에, 아니다 싶은 말 혹은 아니었으면 좋겠는(ㅂㄷㅂㄷ) 말도 있었다. 근데 또 나와는 전혀 관계가 없는 MBTI 유형의 특징을 읽어봐도 나와 비슷한 게 많은 것 같아서 이게 진짜 신빙성이 있긴 한 건가 의문스러울 때도 있었다.

같은 MBTI 유형을 가진 두 사람도 서로 완전히 '같은 성격'이 될 수는 없고, 그리고 그 성격의 유형이 어떻든지 그 사람이 주변에 널리 받아들여지고 서로 친구로 지낼 여지가 있다는 점을 생각해 보면 MBTI는 사회적 상황에 따라, 그리고 상대하는 사람에 따라 달라지기도 하는 것 같다. 그래서 우리는 결국엔 몇 가지 유형으로 규정할 수 없는 '나다움'을 모두 가지고 있는 게 아닐까?

나는 나의 '나다움' 즉, '브랜드'를 찾는 일에 관심이 많다. 친구들이 말하길, 학교에서 나는 "무슨 일이든 척척해내는 완벽주의자"라고 했다. 예과 2학년부터 졸업할 때까지 여러 감투를 썼다 벗은 게 그런 평가의 밑바탕이 된 것 같다. 교수님들의 수업과 치과대학 공인 교과서를 요약해 보기 좋게 정리하는 일은 내가 잘하는 일이었고 동기들과 후배들, 심지어는 전문의 시험을 준비하는 선배들에게도 인정받은 일이었으니까. 완벽주의자라는 평가가 썩 마음에 드는 건 아니지만 어쩔 수 없지.

이제 나는 치과의사로서의 '나'를 발견해야 할 차례다. 그러기 위해서 다양한 것들을 경험해 보고, 사람들의 이야기를 듣고, 새로운 것을 시도해 본다. 브랜드는 '차별화'에서 시작하고, 차별화는 다시 '나다움'에서 출발한다고 하니까. 남들과 똑같은 방식으로 일하면 결국 비슷비슷한 결과물만 내놓고 결국 사라질 뿐이다. 사업이나 브랜드가 성공하기 위해서는 남들과 다르면서도 그 '다름'이 사회적으로 널리 받아들여질 수 있어야 한다는 몹시 어려운 조건이 붙기는 하지만, 그렇다고 해서 차별화 없이 사업이 성공하는 것도 불가능하기는 마찬가지다.

'나다움'을 강점으로 포장하고 세상에 내놓는 것이 가장 첫번째 브랜딩이라고 한다. 결국은 내가 고민하고 나에게서 무언가를 꺼내 보여줄지 결정해야 한다. 우리는 모두 멋진 브랜드를 가지고 있다.

나는 완성된 치과의사는 아니지만

순간 저지른 범죄로 갓 난 딸아이를 두고 교도소에 수감된 뒤 이제는 다 컸을 딸에게 매일 애틋한 편지를 쓰는 어느 아버지의 사연이 신문 기사에 실린 적이 있다. 그리고 그 사연을 주제로 해서 우리 치과대학 교내 글짓기 대회가 열렸는데, 당시 신입생이었던 나는 〈아버지의 마음을 담은 시〉 부문에 운문 한 편을 제출해 특별상을 받았다. 지금 와서 생각하니 마치 내가 교도소에서 치과의사로서의 첫발을 떼게 되리라는 걸 누가 예견이라도 했던 것 같네?!

근데 그 시를 지금 다시 읽어보니 마음에 드는 건 고사하고 좀 창피하기까지 하다. 내가 쓴 거라고는 아무도 몰랐으면 좋겠다고 생각도 해본다. 이런 걸 보면 나는 친구들이 봤던 대로 '완벽주의자' 성향이 분명 있기는 한가 보다.

글쎄 내가 알기로 〈완벽주의자〉는 일을 '완벽히 해내는 사람'을 뜻하는 말이 아니었던 것 같다. 대신 그런 완벽한 상태를 끊임없이 갈망하고 노력하는 사람이지. 나도 나에게 그런 면이 있다는 것을 인정한다. 사실 그래서 좀 고통스럽기도 하다. 대회에 출품해 상을 받은 작품도 마음에 들지 않다니, 이런 내 성격은 장점이기도 하지만 동시에 단점이기도 하다.

한 명의 사람으로서, 그리고 한 명의 치과의사로서 '완성된' 상태가 실제로 있을 수 있는지는 모르겠다. 얼핏 그게 불가능하리라는 걸 알고 있지만 나는 자꾸만 내가 '잘하는 일'보다 '아직 부족한 부분'에 집중하는 날이 더 많았다. 이게 치과의사로서 더 나은 실력을 갖추고 환자를 만나는 일에 도움이 될지는 모르겠지만, 그 이전에 한 명의 사람으로서 많이 피곤한 일인 것도 분명하다.

잘하고 싶고 인정받고 싶었던 그간의 내 마음이 글에서 드러났을 수도 있다. 상 받는 걸 좋아한다거나, 수업내용을 '깔끔하게 정리하는' 걸 잘한다거나, 내 도움이 상대방에게 진짜 도움이 되었을지 걱정하는 이런 부분들은 일반적인 〈완벽주의자〉 성향에 부합한다고 한다. 사실 살면서 이걸 고치려고 많이 노력했는데, 이제는 많이 나아졌다. 자꾸만 실체가 없는 열등감을 느끼니까 너무 피곤하더라고. 내가 만들어낸 '가상의 우월한 경쟁자'와 싸우는 건 이제 그만할 때가 됐지!

나는 여전히 '완성된' 치과의사는 아니라고 생각지만, 뒤돌아보면 또 그만큼 많은 성장을 이뤄낸 것 같다. 치과의사로서도 그랬고 그냥 이 힘든 세상을 견디고 살아가는 한 사람의 인간으로서도 마찬가지다. 그렇게 내가 더 나은 사람이 되려고 악을 쓰며 살아가는 이야기가 출판사 팀장님 마음에 들었는지, 출간 제의를 받고는 사실 좀 얼떨떨하기도 했다. 나는 아직 책을 쓸 만한 뭔가를 이뤘다고 생각하지 않았기 때문이다.

이번에도 형이 도움을 줬다. 졸준위 학술 대표를 해보라며, 그때 아니면 못해보는 좋은 경험일 거라고 했던 것처럼, 책을 쓰는 것도 마찬가지라고. 책을 쓰면서 글을 쓰려고 내 예전 기록들을 하나씩 다 들춰보니 나로서도 참 재미가 있었다. 좌충우돌, 억지로 살아낸 내 인생이 어떤 사람들에게 읽힐까 궁금하기도 하다. 아... 그런데 좋은 평가를 받지 못할까 봐 걱정이 되는 걸 봐선 아직 멀었네. 😞 진짜 끈질기구만?!
태연한 척 말하지만, 여전히 걱정되는 일들도 많고 앞으로 잘 할 수 있을지 불안하긴 하다. 사실 가만히 생각하다 보면 나는 나에게 너무 가혹한 평가를 내리고 있지는 않은지 다시 생각하곤 하는데, 그럴 땐 내가 '대단한 사람'이라도 된 양 스스로

최면을 걸어보기도 한다.

"나👏는👏 내👏가👏 너👏무👏좋👏아👏"(인터넷에서 배웠다! '자기 암시 박수'라고 한다)

그래, 졸업할 때 동기가 써준 편지 한 장. 그걸 어디다 뒀더라? 그 6년간 알고 지낸 친구가 이 다섯 줄로 함축해 써낸 이야기에 오늘도 용기를 얻는다.

오빠! 내가 난관에 봉착할 때마다 도와줘서 고마웠어!
오빠를 생각하면 그냥 먼 느낌이야.
재능이 너무 많아서.. 이 재능충 (좋을 용) 같더라구! ㅋㅋ
근데 오빠는 경쟁심이 안들어.. 뭐 따라갈 걸 말거든.. ㅎㅎ
어른스럽고 듬직한 것도 부러워. 언제나 잘 살 것 같아!